サービス接遇検定
実問題集
1-2級
第52回～第58回

公益財団法人 実務技能検定協会 編

はじめに

「サービス」とは,「相手に満足を提供する」ということです。相手が快適であると感じるような世話とか,相手が感じがいいと思うような言葉遣いで接するとかのことです。

この,相手に満足を提供する行動を「接遇」といいます。これをビジネスの場の実務として表現すると,「サービス接遇実務」ということになります。

今日,あらゆる場面で競争が繰り広げられています。競争は勝とうとして行なわれます。例えば,同じ物でも安く売るというサービスで,競争に勝つこともあります。しかし今日,価格のサービスだけでお客さまに満足してもらい,競争に勝つことは難しくなっています。

そこで,競争に勝つためのその他の条件は何かということで,サービスと接遇が問い直され,新たな価値観によって注目されるようになりました。

何かをしてもらう,あるいは物を買うとき,人は快適なサービスと接遇してくれる方へ行きますから,サービス接遇は,「形はないが金銭的価値のある行為」ということになります。

金銭的価値のあるサービス接遇が,行為としてはっきり分かる業務をサービス業といいますが,では,それ以外の業務のサービス接遇はどのようになっているのでしょうか。

会社の仕事,病院の仕事,官公庁の仕事など,どれをとってもサービス業のようなサービスの形はありませんが,どの仕事も相手に満足してもらうために行なわれています。ということは,ビジネスには全てサービス接遇の要素があり,そのサービス接遇に相手は満足しているということです。

この本は,<サービス接遇実務検定>受験・合格対策用ですが,本書に収載されている数多くの実問題を繰り返し解くことで,ビジネスの場でのサービス接遇というものの具体的な考え方,行動の仕方,口の利き方などが分かります。この本で学び,サービスの接遇実務能力者として活躍されることを期待いたします。

公益財団法人 実務技能検定協会

本書の利用の仕方

1. 本書は,「サービス接遇実務検定試験*」の第52回から第58回に実施された2級と1級の試験問題を収載しました。なお,第54回試験(令和4年2月13日)と57回試験(令和5年2月12日)は,2級(団体受験)のみの実施。

2. 巻末の「解答・解説編」は,必要に応じて本編から外して利用できます。また,解答のうち記述形式によるものは,問題の性格上,本書掲載の解答に限定されない「解答例」です。

3. 選択問題は,「…適当と思われるものを選びなさい」,「…不適当と思われるものを選びなさい」などの違いに気を付けて読んでください。

4. 2級編の各問にある「難易度ランク」は,★の数が多いほど難しくなります。

5. 試験時間は従来の例ですと,2級は100分,1級は120分(筆記のみ)です。本書の問題を解く際の参考にしてください。

6. 「面接試験の実際」は,1級,準1級の面接試験の手順を示しました。面接試験はロールプレーイング形式ですから,「審査のポイント」を意識しながら声を出すなどして練習されることをお勧めいたします。

*サービス接遇検定の正式名称は「サービス接遇実務検定試験」です。

目　次　　サービス接遇検定1-2級

サービス接遇実務検定 試験案内

1. 試験の範囲と合格基準

筆記試験は「理論」と「実技」に領域区分され，それぞれの得点が60％以上のとき合格となります。

領域	区分	基準	
Ⅰ．サービススタッフの資質	理論	60％以上	合格
Ⅱ．専門知識			
Ⅲ．一般知識			
Ⅳ．対人技能	実技	60％以上	
Ⅴ．実務技能			

級位には３級，２級，準１級，１級があり，それぞれの級位によって必要とされる技能の段階に違いがあります。詳細については８～９ページの「サービス接遇実務審査基準」をご覧ください。

2. 出題形式

３級と２級は約８割～９割が五肢択一の選択問題で，約１～２割が記述問題です。準１級は筆記試験がなく，ロールプレーイング形式の面接試験のみ行なわれます。１級は全問記述式の筆記試験とその合格者には２次試験（面接試験）があります。

3. 合格率（2022年度11月試験実績）

３級 77.5％　２級 67.1％　準１級 82.5％　１級 41.5％

4. 受験資格

誰でも受験することができます。学歴・年齢その他の制限は一切ありません。

5. 試験実施日と受験料（2023年７月現在）

年２回，６月と11月に実施します。ただし前後する場合があります。

３級 3,800円　　２級 5,200円　　準１級 5,900円　　１級 7,800円

6．受験申し込み方法

個人の申し込みは以下二つの申し込み方法があります。

①インターネットで申し込む

次の QR コードからアクセスし，クレジットカードまたはコンビニエンスストアで受験料を支払う。

スマートフォン用申し込みサイト

②郵送で申し込む

現金書留で，願書と受験料を検定協会に郵送する。

（願書は検定協会より取り寄せる）

受験願書の受付期間は，試験日のほぼ2カ月前から1カ月前です。サービス接遇検定のホームページで確認してください。

7．検定についてのお問い合わせ

試験日，試験会場，面接試験会場，合格通知，合格証の発行などについては，サービス接遇検定のホームページをご覧ください。その他，不明の点は下記へお問い合わせください。

公益財団法人 実務技能検定協会　サービス接遇検定部

〒169-0075　東京都新宿区高田馬場一丁目４番15号

電話（03）3200－6675

サービス接遇実務審査基準

サービス接遇実務検定の審査基準は以下の通りに定められています。

2級

程度	サービス接遇実務について理解を持ち，一般的なサービスを行うのに必要な知識，技能を持っている。	
領域		内容
Ⅰ サービススタッフの資質	（1）必要とされる要件	①明るさと誠実さを，備えている。 ②適切な判断と表現ができる。 ③身だしなみを心得ている。
	（2）従業要件	①良識を持ち，素直な態度がとれる。 ②適切な行動と協調性のある行動を，とることができる。 ③清潔感について，理解できる。 ④忍耐力のある行動を，とることができる。
Ⅱ 専門知識	（1）サービス知識	①サービスの意義を理解できる。 ②サービスの機能を理解できる。 ③サービスの種類を理解できる。
	（2）従業知識	①商業活動，経済活動が理解できる。 ②商業用語，経済用語が理解できる。
Ⅲ 一般知識	（1）社会常識	①社会常識がある。 ②時事問題を理解している。
Ⅳ 対人技能	（1）人間関係	①人間関係の対処について，理解がある。
	（2）接遇知識	①顧客心理を理解し，能力を発揮することができる。 ②一般的なマナーを発揮できる。 ③接遇者としてのマナーを，発揮することができる。
	（3）話し方	①接遇用語を知っている。 ②接遇者としての話し方ができる。 ③提示，説明ができる。
	（4）服装	①接遇者としての適切な服装ができる。
Ⅴ 実務技能	（1）問題処理	①問題処理について，対処できる。
	（2）環境整備	①環境整備について，対処できる。
	（3）金品管理	①金品の管理について，能力を発揮できる。
	（4）金品搬送	①送金，運搬について，理解できる。
	（5）社交業務	①社交儀礼の業務について理解し，処理できる能力がある。

準 1 級

2級試験合格者を対象に，サービス接遇担当者としての口頭表現について面接による簡単な審査を行う。

1 級

程度	サービス接遇実務について十分な理解，および高度な知識，技能を持ち，専門的なサービス能力が発揮できる。	
領域		内容
Ⅰ サービススタッフの資質	（1）必要とされる要件	①明るさと誠実さを，備えている。 ②適切な判断と表現ができる。 ③身だしなみを心得ている。
	（2）従業要件	①良識を持ち，素直な態度がとれる。 ②適切な行動と協調性のある行動を，とることができる。 ③清潔感について，理解できる。 ④忍耐力のある行動を，とることができる。
Ⅱ 専門知識	（1）サービス知識	①サービスの意義について，深い理解がある。 ②サービスの機能を理解し，十分発揮できる能力がある。 ③サービスの種類を活用できる。
	（2）従業知識	①商業活動，経済活動について，深い理解がある。 ②商業用語，経済用語について，深い理解がある。
Ⅲ 一般知識	（1）社会常識	①社会常識を，十分活用できる。 ②時事問題を，十分理解している。
Ⅳ 対人技能	（1）人間関係	①人間関係の対処について，発揮できる能力がある。
	（2）接遇知識	①顧客心理を理解し，十分能力を発揮することができる。 ②一般的なマナーを，十分発揮できる。 ③接遇者としてのマナーを，十分発揮することができる。
	（3）話し方	①接遇用語を知っている。 ②接遇者としての高度な話し方ができる。 ③提示，説明，説得ができる。
	（4）服装	①接遇者としての適切な服装ができる。
Ⅴ 実務技能	（1）問題処理	①問題処理について，効率よく対処できる。
	（2）環境整備	①環境整備について，十分対処できる。
	（3）金品管理	①金品の管理について，十分能力を発揮できる。
	（4）金品搬送	①送金，運搬について，能力を発揮できる。
	（5）社交業務	①社交儀礼の業務について，深く理解し処理できる能力がある。
（備考） サービス接遇担当者としての口頭表現について面接による審査を付加する。		

サービス接遇検定２級

第58回

試験時間：100分

Ⅰ　サービススタッフの資質

1

難易度 ★☆☆☆☆

次はツアーガイドの和田拓也が，お客さまに親しみを持ってもらうために気を付けていることである。中から不適当と思われるものを一つ選びなさい。

(1) お客さまから当地の名物料理を尋ねられたら，B級グルメなども一緒に紹介するようにしている。
(2) 朝お客さまに会ってあいさつするときは，体調に変わったところがないかも尋ねるようにしている。
(3) 出発時間にいつも遅れてくる人には，時間通りに来ている人の気持ちを考えてその場で注意している。
(4) お客さまから見学コースに新たな希望が出たときは，他のお客さまの意向も尋ねるなどして決めている。
(5) お客さまが気兼ねなく尋ねたり不満を言ったりしやすいように，いつも柔らかな表情でいるようにしている。

2

難易度 ★

クリニックのスタッフ村井淳子は研修で，患者さんには思いやりを持って接することという指導を受けた。次は，そのことを意識した村井の患者さんへの接し方である。中から不適当と思われるものを一つ選びなさい。

(1) こちらが明るく接すると明るく応えてくれる患者さんには，いつも明るく接するようにしている。
(2) 普段患者さんと話すときは明るくしているが，症状を尋ねるときなどは声を潜めて話すようにしている。
(3) 病気が心配で気付かないのか，あいさつをしても返事がない患者さんにはそれ以上のことはしないようにしている。
(4) 病気が快方に向かい表情も明るくなってきた患者さんには，「もう少しの辛抱ですね」と元気づけるようにしている。
(5) 症状を訴えて診察時間を早めてもらえないかと言う患者さんには，我慢して待っているのは皆同じと言うようにしている。

3

難易度 ★★★

温泉旅館のスタッフ三井さくらは先輩から，「お客さまに感じがよい旅館と思ってもらうには，スタッフの愛想のよさが大切」と教えられた。次はそのとき愛想について三井が考えたことである。中から不適当と思われるものを一つ選びなさい。

(1) ここは有名な温泉宿らしいねという夫婦客に，温泉はもちろんのこと食事も期待してくれと言うのも愛想ではないか。
(2) 海の眺めが最高と見入っているお客さまに，この部屋は特によいのでお客さまは運がいいと言うのも愛想ではないか。
(3) ここの温泉は元気になると聞いたという年配の女性グループに，お肌も元気になりますよと言うのも愛想ではないか。

(4) 車で来たが道路が混んでいて失敗したという家族連れに，この時期はそうかもしれないと言って同調するのも愛想ではないか。
(5) 予約サイトの口コミがよかったので来たというお客さまに，期待以上に満足してもらえるように頑張ると言うのも愛想ではないか。

4

難易度 ★☆☆☆☆

中華レストランのスタッフ山本知里は，帰ろうとしているお客さまが「もう少し気を利かせた応対をしてもらいたいわね」と言っているのを耳にした。この気を利かせた応対とはどのようにすることか。次の中から不適当と思われるものを一つ選びなさい。

(1) 小さい子供を連れて来店の家族客には，気兼ねなく食事をしてもらえるように個室もあると知らせることではないか。
(2) 追加の料理と一緒にデザートを注文したグループ客には，デザートはすぐに持ってきてよいかを確認することではないか。
(3) お客さまの飲み物の減り具合に気を配り少なくなってきたらそばに行き，追加を持ってこようかと尋ねることではないか。
(4) グループのお客さまが個々に注文するときは，時間がかかる料理はそのことを言って承知してもらっておくことではないか。
(5) 少人数で何種類もの料理を一度に注文したお客さまには，おいしく食べられるように一品食べ終えたら次を出すことではないか。

5

難易度 ★☆☆☆☆

次は，美容院に勤務の山城静香のお客さま対応である。中から不適当と思われるものを一つ選びなさい。

(1) 不意に得意客が来店し予約客で立て込んでいるときは，状況を伝えて別の日にお願いできないかと頼んでいる。

(2) 初めてのお客さまには，世間話をしながらも途中でカットの具合を確認するなどして満足できているかを気にしている。
(3) 予約なしで来店し待ち時間を尋ねるお客さまに，大体の時間を伝えてその時間までに戻ってもらえればよいと言っている。
(4) 髪形を変えたいというお客さまにカタログを見せながら，今の髪形が似合っているので変えなくてもよいのではと言っている。
(5) お客さまが指名したスタッフが休みのときは，よければ自分が担当させてもらうので希望の髪形を細かく教えてもらいたいと言っている。

Ⅱ　専門知識

6

難易度 ★★★

次は，マーケティングに関する用語とその意味の組み合わせである。中から不適当と思われるものを一つ選びなさい。

(1) ブランド　＝　銘柄
(2) コンシューマー　＝　消費者
(3) ＣＳ　＝　顧客満足
(4) ディスカウント　＝　品ぞろえ
(5) ノベルティー　＝　宣伝用贈呈品

7

難易度 ★★☆☆☆

コーヒーショップのスタッフ佐竹弘人は先輩から応対マニュアルを渡されたとき，「お客さまサービスはマニュアルだけに頼ってはいけない」と言われ，次のような指導を受けた。中から不適当と思われるものを一つ選びなさい。

(1) お客さまはいろいろだから，基本の応対以外はお客さまに合わせないといけない。
(2) マニュアルだけに頼っていると，それ以上のサービスに目を向けようとしなくなる。
(3) マニュアルはあくまでも応対の基本だから，頼るというよりは参考にする程度でよい。
(4) マニュアルだけを頼りにしていると，マニュアル通りにすることに神経を奪われてしまう。
(5) マニュアルに頼っていると基本の応対だけになり，お客さまに期待以上の満足を提供できない。

8

難易度 ★★★☆☆

ギフトショップのスタッフ須崎玲奈は，お中元などで贈答品に迷っているお客さまから相談を受けることがある。このような場合須崎は，お客さまと会話をしながら品物を提案することにしているが，そのときの話題として不適当と思われるものを次の中から一つ選びなさい。

(1) 贈り先との関係
(2) 贈り主の仕事内容
(3) 贈り先の家族構成
(4) 今までに贈った品物
(5) 贈った品物への相手の反応

2級／第58回問題
2級／第57回問題
2級／第56回問題
2級／第55回問題
2級／第54回問題
2級／第53回問題
2級／第52回問題

9

難易度 ★★★

森山俊太が勤務するビジネスホテルはバイキング形式の朝食だが，開場直後の時間帯はいつも混雑する。森山はこのようなことを改善したいと考え同僚と話し合うことにした。次はそのとき話し合った内容である。中から不適当と思われるものを一つ選びなさい。

(1) 多くの人が取りそうな料理は複数置くなどして，何人もが同時に取れるようにするのはどうか。
(2) 誰でも必ず取るような主食などはすぐに持っていけるように，スタッフが取り分けるのはどうか。
(3) お客さまは順に取ろうとして並ぶのだから，空いているところから取るように誘導したらどうか。
(4) 開場直後の混雑ということは待っている人が多いということだから，開場時間を少し早くしてみるのはどうか。
(5) チェックインのとき，朝食は開場直後の時間は混雑すると伝えて時間を遅らせてくれるように頼むのはどうか。

Ⅲ　一般知識

10

難易度 ★★☆☆☆

次は，長寿の祝いの名称とそのときの年齢の組み合わせである。中から**適当**と思われるものを一つ選びなさい。

(1) 古希　—　77歳
(2) 喜寿　—　80歳
(3) 米寿　—　88歳
(4) 卒寿　—　99歳
(5) 白寿　—　100歳

11

難易度 ★★★☆☆

次は「印」についての説明である。中から**適当**と思われるものを一つ選びなさい。

(1) 市役所などに印鑑登録しておき，重要書類などに押す印を「公印」という。
(2) 領収書などに貼った収入印紙に，使用済みとして押す印を「消印」という。
(3) 重要でない文書の発行や，物の受け取りなどに使う印を「捨て印」という。
(4) 銀行の預金口座を開設するときなどに，専用として使う印を「実印」という。
(5) 訂正などの場合を考えて，あらかじめ欄外に押しておく印を「訂正印」という。

Ⅳ　対人技能

12

難易度 ★★☆☆☆

遠藤亮太が勤務するフルーツパーラーは若い女性に人気で，注文を聞きに行くと「数量限定のおいしいメロンパフェがあると友達に聞いて来た」と言われることがよくある。このようなお客さまに遠藤はどのように言って対応するのがよいか。次の中から不適当と思われるものを一つ選びなさい。

(1)「雑誌に掲載されてからてんてこ舞いですが，頑張っております」
(2)「皆さまそうおっしゃって来てくださるので作りがいがございます」
(3)「話題に敏感でお口が肥えたお友達がいらっしゃるようでいいですね」
(4)「はい，当店一押（いちお）しメニューです。見た目もびっくりすると思いますよ」
(5)「メロンを丸ごと１個使ったぜいたくな仕上がりになっています。ご堪能（たんのう）ください」

13

難易度 ★★☆☆☆

次は和菓子専門店のスタッフ永井里沙が，日ごろお客さま応対で心がけていることである。中から不適当と思われるものを一つ選びなさい。

(1) よく来るお客さまには，新商品が出たときなどはその菓子を紹介して特色を説明するようにしている。
(2) どれにするか迷っているお客さまには，人気の商品や季節限定の商品などを紹介するようにしている。
(3) 進物にする品の相談をしてきたお客さまには，贈り先の好みは確認してあるかを尋ねるようにしている。
(4) 進物用の詰め合わせの菓子を複数個買い上げるお客さまには，小分けの袋は幾つ要るか尋ねるようにしている。
(5) 日持ちを心配するお客さまには，それならようかんや干菓子の方がよいかもしれないと言って薦めるようにしている。

14

難易度 ★☆☆☆☆

次の「　　」内は，針谷太一がお客さまに言ったことである。中から言葉遣いが**適当**と思われるものを一つ選びなさい。

(1)「ご不明な点はお気軽にお伺いください」
(2)「包装の仕方はこれで大丈夫でしょうか」
(3)「そちらの商品は５階で販売なさっております」
(4)「本日ご購入の方に限りお得な特典がございます」
(5)「お支払い方法はどのようにいたしますでしょうか」

15

難易度 ★★☆☆☆

紳士用スーツ売り場担当の新田光輝は主任から，品選びをしているお客さまをサポートするときは，「お客さまが気持ちよく選べるようなセールストークが必要」と言われた。次の「　　」内はそのトークの実践例である。中から不適当と思われるものを一つ選びなさい。

(1) 今までのスーツがきつくなったという得意客に，「それは大変ですね。でも私どもにとってはありがたいことですが」
(2) 就職活動用のスーツを選んでいるというお客さまに,「お任せください。どの業種でも好印象になるスーツをお選びします」
(3) 就職先が決まった息子のスーツを選んでいるという父子客に,「社会人の先輩として，お父さまからアドバイスいただけますか」
(4) 夫婦連れで奥さまが選んでいてこれはどうかと尋ねられたとき,「とてもよくお似合いです。さすが奥さまでいらっしゃいますね」
(5) クールビズだがそうはいかない外出先もあるというお客さまに,「仕方がないですね。お仕事を頂いているのですから我慢ですよ」

16

難易度　★★☆☆☆

南沢えりが勤務の貸会議室に予約客が来たが，前の会議が長引いて会場の準備が整っていないため，お客さまを案内することができない。予約時間にはまだ少し時間があるので，開始までには間に合いそうである。このような場合南沢は，お客さまにどのようなことを言って待ってもらうのがよいか。次の中から不適当と思われるものを一つ選びなさい。

(1)「準備が出来次第お呼びいたしますので，それまでロビーでお待ちくださいませんでしょうか」
(2)「前のお客さまの会議が長引いてしまいまして，ご案内まで少々お時間を頂けませんでしょうか」
(3)「私どもにとってどちらも大切なお客さまでございます。少しの間ご辛抱いただけますでしょうか」
(4)「お時間までには準備できますのでご安心ください。申し訳ありませんが少々お待ちいただけますか」
(5)「私どもの不手際でご迷惑をおかけしますが，間に合うように急いで準備いたしますのでお待ちくださいませ」

V　実務技能

17　難易度　★

クリーニング店のスタッフ竹田美沙は依頼品を受け取りに来たお客さまから，「他の品は仕上がっているのにスーツだけがない。スーツは明日必要なのに」と言われた。伝票を見ると仕上がり日は明日になっている。このような場合竹田はどのように対応すればよいか。次の中から不適当と思われるものを一つ選びなさい。

(1) 何とか間に合わせられるよう工場に交渉してみるが，できなければ今回は勘弁してもらえないかと言う。
(2) 事情は分かったが，伝票に仕上がり期日を記載しているのでお客さまにも注意して見てもらいたいと言う。
(3) 預かるとき日にちの確認をしなかったことをお客さまに謝り，間に合わせられるかどうか工場に聞いてみると言う。
(4) 仕上がり日について念を押さなかったことをお客さまに謝り，明日は他のスーツで間に合わせられないかと尋ねる。
(5) 明日何時に必要かをお客さまに尋ね，それまでに届けられるか工場に確認するので，再度取りに来ることは可能かと尋ねる。

18

難易度 ★☆☆☆☆

岡本広樹が店長をしているコンビニエンスストアでは，イートインコーナーがあるが，なかなか目が行き届かず汚れがちである。次はそのとき岡本が，お客さまに快適に利用してもらうために意識することとしてスタッフに指導したことである。中から<u>不適当</u>と思われるものを一つ選びなさい。

(1) 食べ物が落ちていることがあるので，気が付いたらすぐに拭き取るようにすること。
(2) 手を洗うスペースは水滴が飛び散りやすいから，小まめにペーパータオルなどで拭くようにすること。
(3) 食事の臭いは食べ物によっては店内にこもりやすいから，タイミングを見て換気をするようにすること。
(4) ゴミがあふれるほど入っているときは，隣にもう一つゴミ箱を置いて次からはそこに入れてもらうようにすること。
(5) 見た目は汚れていなくても汚れはたまるものだから，定期的にテーブルや椅子の手あかなどを拭くようにすること。

19

難易度 ★★★☆☆

文具店に勤務の堀口聡美は，お客さまから「新築祝いに贈る祝儀袋のことで聞きたい」と言われた。次は，そのときのやりとりである。中から<u>不適当</u>と思われるものを一つ選びなさい。

(1) 客：現金を贈りたいが，祝儀袋はどういうものを選べばよいか。
　堀口：家の新築は一生のうち１回ということが多いので「結び切り」でよろしいと思います。
(2) 客：祝儀袋の上書きは，新築のお祝いなので「御祝」でよいか。
　堀口：「御祝」は全ての祝い事に通用する上書きですのでよろしいと思います。

(3) 客：家の新築を祝うということを，具体的に表現するとしたらどう書くのか。
　堀口：それでしたら，贈る目的をはっきりさせて「祝御新築」ではいかがでしょうか。
(4) 客：お祝いを先輩と連名で贈りたいが，その際はどう書けばよいのか。
　堀口：序列に従って右からになりますので，先輩のお名前が右側になります。
(5) 客：参考までに聞きたいが，序列が明確でない場合はどう書くのか。
　堀口：一般的には，年齢順や五十音順ということもございます。

20

難易度　★★

葬儀社の派遣スタッフ奥村由美は，セレモニーホールで葬儀の受付をすることになった。受付には他に関係者もいてその補助だが，次は仕事をするに当たり会社側から心得として指導されたことである。中から不適当と思われるものを一つ選びなさい。

(1) 受付には責任者がいるので，仕事は責任者の指示に従ってすること。
(2) 会葬者への受け答えは，笑顔は控えるが明るく元気な話し方にすること。
(3) 会場に到着し受付の責任者にあいさつをしたら，まずは焼香を済ませること。
(4) 会葬者にはいろいろな人がいるが，受付では特に区別して対応する必要はない。
(5) 会葬御礼は，「お忙しいところをありがとうございました」と言って丁寧にお辞儀をして渡すこと。

記述問題　Ⅳ　対人技能

21

難易度 ★☆☆☆☆

次の言い方を，意味を変えずにお客さまに言う丁寧な言い方に直しなさい。

(1) あなたの席は奥なので，ここを通ってくれ。
(2) 手数だが，荷物はクロークに預けてくれないか。

(1)	
(2)	

22

難易度 ★★☆☆☆

レストランのフロアスタッフ広田雅春はチーフから，「お客さまからの注文は感じよく受けるのはもちろんだが，確認するときは正確に伝わったという安心感をお客さまに与えることが重要」と言われた。広田がそのことを意識してお客さまの注文を確認するには，それぞれどのように言うのがよいか。その言葉を答えなさい。

(1)「今生ビールを二つ注文したのですが，あと二つ追加してください」と言われたとき。
(2)「オムライス二つとミックスフライセットが二つと言ったのですが，オムライスを一つ減らしてポークソテーセットにしてください」と言われたとき。

(1)	
(2)	

記述問題　V　実務技能

23

難易度 ★★

川中水希が勤務しているＡＢＣ水族館は，６月22日木曜日に設備点検のため臨時休館をすることになった。このことをお客さまに知らせて，不便をかけるが承知してもらいたいという内容の掲示文を作ることになった。この場合の適切な掲示文を作成しなさい。

24　難易度 ★★★☆☆

次はホテルの受付スタッフ西沢文香がチェックインしようとしている男性客に，「宿泊カードのご記入をお願いします」と言って宿泊カードを渡そうとしている絵である。①男性客が不愉快そうな表情をしているのはなぜか。またこの場合，男性客に気持ちよく記入してもらうには，②西沢はどのようにすることが必要か。それぞれ答えなさい。

①男性客が不愉快そうな表情をしているのはなぜか。

②西沢はどのようにすることが必要か。

（第58回　2級終わり）

サービス接遇検定２級

第57回

試験時間：100分

Ⅰ　サービススタッフの資質

1　難易度 ★☆☆☆☆

次は，列車内でワゴンサービスを担当している西山春菜が，車内という特殊性から販売サービスのときに心がけていることである。中から不適当と思われるものを一つ選びなさい。

(1) 静かな車両内でお客さまに販売品の案内をするときは，休んでいるお客さまに配慮し声の大きさに注意している。
(2) お客さま対応中に通路を通ろうとする乗客が来たときは，販売が終わるまで待ってもらいたいとお願いしている。
(3) 乗降客が多い駅に近づいたときは，ワゴンを通路脇に寄せるかデッキに出るなどしていったん販売を停止している。
(4) 販売のためにワゴンを動かしているときは，乗客の一人一人に視線を向けながら販売品の案内をするようにしている。
(5) コップに入った熱い飲み物などは，テーブルの上に直接置くことを伝えてから，気を付けるようにと言い添えている。

2級／第58回問題
2級／第57回問題
2級／第56回問題
2級／第55回問題
2級／第54回問題
2級／第53回問題
2級／第52回問題

2

難易度 ★

販売店のスタッフ橋本光樹は店長から，店の売り上げを伸ばすには気安いと感じてもらえるお客さま応対をすることが大切と言われた。そこで橋本は，気安いと感じられる応対がなぜ売り上げに関係するのかを次のように考えた。中から不適当と思われるものを一つ選びなさい。

(1) 初めて来店するお客さまも居心地がよいので，手に取る商品も増えるから売り上げにつながるのではないか。
(2) 商品について気軽に尋ねることができるので，商品のことがよく分かり品選びがしやすくなるからではないか。
(3) 何でも気軽に尋ねてくれるので，お客さまのニーズが分かりお客さまに合う品ぞろえができるからではないか。
(4) どのお客さまにも気安く商品の特長などを説明するので，薦められて衝動的に購入するお客さまもいるからではないか。
(5) 商品についてお客さまが気軽に尋ねてくれるので，スタッフもお客さまに気を使わず売ることに集中できるからではないか。

3

難易度 ★★★★

人材派遣会社にスタッフ登録をしている高野みやこは，日本料理店の開店祝いに招待される得意客の接待要員として派遣されることになった。次はそのとき高野が，スタッフとして勤務する際の心構えとして派遣元のチーフから教えられたことである。中から不適当と思われるものを一つ選びなさい。

(1) 派遣スタッフは，お客さまから言われたことはよい悪いに関係なく，全て店の従業員に伝えること。
(2) 接待要員に求められる印象の第一は清潔感だが，開店祝いだから，化粧などは華やいだ雰囲気になるよう気を使うこと。
(3) お客さまはお祝いに来店するのだから，応対のときの動作や話し方などは，明るく軽快な感じでするように心がけること。

(4) お客さまサービスの仕方は店によって違いがあるから，指示されたこと以外の判断は，自分勝手にしないようにすること。
(5) 接待する相手は得意客なのだから，今後も店をひいきにしてもらえるように，店の従業員以上に親身になって接待すること。

4

難易度 ★★★☆☆

婦人服販売店のスタッフ寺崎彩は店長から，「お客さまに好かれるには愛想よく接すること」と言われている。この愛想よく接するとはどのようにすることか。次の中から不適当と思われるものを一つ選びなさい。

(1) あちらこちらの店を見て回ってきたというお客さまには，見て回ることの利点や感想などを尋ねること。
(2) どちらを選ぶか迷っているお客さまには，どちらを選んでも似合うと言ってセンスのよさを褒めること。
(3) 試着して鏡に自分の姿を映しているお客さまには，お客さまが自信を持っていそうなところを褒めること。
(4) 品選びをしているお客さまには近づいて気安く話しながら，手に取っている品の特徴などを説明すること。
(5) 顔見知りのお客さまには，商品の説明や必要なやりとり以外にも，世間話をするなど気安い対応をすること。

5

難易度 ★☆☆☆☆

病院のスタッフ相沢朝子は先輩から，「スタッフはどの患者さんからもよい印象を持ってもらえるような態度が必要」と言われた。次はそのことを言われた相沢が日ごろ心がけていることである。中から不適当と思われるものを一つ選びなさい。

(1) 顔見知りの患者さんに症状などを尋ねるときは，砕けた話し方をして気安さを出すようにしている。

(2) 検査室へ案内するときは患者さんの不安な気持ちを考慮して，何も言わずに案内するようにしている。

(3) 浮かない顔をしている患者さんには，気分が明るくなるように明るい表情で話しかけるようにしている。

(4) 待合室で患者さんの前を通るときは，患者さんの待ち時間に恐縮するように腰の低い態度をとっている。

(5) 患者さんの話を聞くときには，患者さんの話に共感していることが分かるように大きくうなずいている。

II　専門知識

6

難易度 ★★★

次は観光地の土産物店に勤務している藤井実咲が，店長からお客さまサービスとして教えられたことである。中から<u>不適当</u>と思われるものを一つ選びなさい。

(1) 新商品や季節限定の商品などは目立つ場所に並べ，店の前を通るお客さまに声をかけ紹介すること。

(2) 土産物を購入のお客さまが他の店で買った土産物を幾つも抱えているときは，宅配便で送ろうかと尋ねること。

(3) 観光名所の場所を聞かれたときは，道順や移動時間を教えるだけでなく，その日のイベント予定なども教えてあげること。

(4) お客さまが求める土産物を扱っていないときは，多分あの店にならあるなどと言いながら，取扱店を教えてあげるようにすること。

(5) ここの景観が気に入ったと言って毎シーズン来てくれるお客さまは顔を覚えておいて，また来てくれたときに礼を言えるようにすること。

7

難易度 ★★☆☆☆

仲田隼人は勤務している家電ショップの主任から，「この店は，地域のお客さまから身近な電器店として親しまれることが目標」と言われた。次は仲田が，そのためにはどのようにするのがよいか考えたことである。中から<u>不適当</u>と思われるものを一つ選びなさい。

(1) 初めてのお客さまには，小さな物でも配達することができると言って店を印象づけるようにしたらどうか。
(2) 在庫がなく取り寄せるときは，その場で手配して届けられる日を知らせて，利便性を感じてもらうのはどうか。
(3) 家電製品は季節によって需要が異なるので，その時季に合わせた当店推奨品のチラシを店頭で配ったらどうか。
(4) お客さまが希望している品でも，他に安い類似品があればそれを紹介し，品質は同じだと言って薦めたらどうか。
(5) 修理の見積もりで訪問したとき，修理ができないと判断した場合には不要品の引き取りもできると言ったらどうか。

8

難易度 ★★★★☆

フードショップのスタッフ並木浩介は店長から，「いつもお客さまのことを考えたサービスをすること」と指導された。次はそのとき並木が考えたサービスである。中から<u>不適当</u>と思われるものを一つ選びなさい。

(1) 生鮮食品はお客さまの世帯人数を考えて，大中小のパックをそろえ選びやすくしたらどうか。
(2) 旬の野菜などは，お客さまに質問されたら渡せるように料理法のリーフレットを用意したらどうか。
(3) 飲料などの重い物を一度に何本も買うお客さまには，急ぎでなければ配達もできると言ってあげたらどうか。
(4) 特に鮮度が重要な食品には，商品のそばに鮮度の見分け方が分かるよ

2級／第58回問題
2級／第57回問題
2級／第56回問題
2級／第55回問題
2級／第54回問題
2級／第53回問題
2級／第52回問題

うな一覧表を掲示しておいたらどうか。

(5) 消費期限が迫っている商品はワゴンに入れて特価で売り，掲示で期限が近いことも分かるようにしたらどうか。

9

難易度 ★

広田剛がネクタイ売り場にいると，「今までネクタイをしたことがないのでよく分からない。任せるので選んでもらえないか」と言うお客さまが来店した。このような場合広田は，このお客さまにどのように対応するのがよいか。次の中から不適当と思われるものを一つ選びなさい。

(1) 選ぶセンスがないので任せたのだろうから，お客さまの雰囲気を見て選び，これがよいと言って決めてあげる。
(2) はっきりした選択基準がないのだろうから，どのような柄が好きかなどを尋ねながら数を絞って，その中から薦める。
(3) よく分からないと言うのだから，ネクタイの織り方の違いなどを話しながら数点選び，その中から好みを選んでもらう。
(4) スーツの色によって合わせる基本的な色があるので，そのような話をしながら数点選び，その中から選ぶように薦める。
(5) よく分からないといっても色の好みくらいはあるだろうから，好きな色の幾つかをまとめて，その中から選ぶように言う。

Ⅲ　一般知識

10

難易度 ★★★★☆

次は用語とその用例の組み合わせである。中から<u>不適当</u>と思われるものを一つ選びなさい。

(1) 舌鼓を打つ　—　山海の珍味に舌鼓を打つ。
(2) 懐(ふところ)が寂しい　—　給料日前なので懐が寂しい。
(3) 口が過ぎる　—　先輩に対してそれは口が過ぎる。
(4) 足が出る　—　思ったより値が張ったので足が出た。
(5) 首が回らない　—　書き入れ時で首が回らないほどの忙しさだ。

11

難易度 ★☆☆☆☆

温泉旅館勤務の藤谷光恵は女将から，お客さま応対には「気遣い」が大切と教えられた。次の中から「気遣い」と意味が違うものを一つ選びなさい。

(1) 気を引く
(2) 気を配る
(3) 気が回る
(4) 気が利く
(5) 気が付く

Ⅳ　対人技能

12　難易度 ★★★

東裕太が勤務するパスタレストランは，他の店より量の多いのが売りなので若いお客さまに人気があるが，時折そうでないお客さまもいて食べ残すこともある。今も東が片付けに行くとカルボナーラを残して「すみません，残しちゃって」とすまなそうに謝る女性客がいた。このようなお客さまに東はどのように言うのがよいか。次の中から**適当**と思われるものを一つ選びなさい。

(1)「構いませんよ。カルボナーラはお腹にたまりますからね」
(2)「この店は量の多いのが売りですから仕方がありませんよ」
(3)「お客さまのような方は他にもいらっしゃるので大丈夫ですよ」
(4)「代金を払っていただくのですから，ご心配には及びませんよ」
(5)「あらかじめ量を少なくと言っていただければ対応できましたよ」

13

難易度 ★☆☆☆☆

次は携帯電話販売店の笹本一樹が，窓口でお客さまに機器の使用法について説明をするときに心がけていることである。中から不適当と思われるものを一つ選びなさい。

(1) 一通りの説明が終わったら，説明の中で，分からないところがなかったかを確認している。
(2) 分からないところは説明書を見てもらうが，最終的には理解する努力が必要と言っている。
(3) 説明したとき，分かったかどうかが不確かな場合は，実際に操作しながら説明するようにしている。
(4) 説明の中に専門用語が入ったときは，その用語を解説し，分かってくれたかを確かめるようにしている。
(5) 説明するときは，最小限必要なポイントを先に説明し，それ以上は相手の反応によってするようにしている。

14

難易度 ★★★★☆

イベント会場の警備スタッフ山口昭彦が入り口でお客さまを迎えたところ，「おもちゃ博は混雑していますか」と尋ねられた。会場内のことは山口には分からない。次はそのとき，山口がお客さまに順に言ったことである。中から言葉遣いが不適当と思われるものを一つ選びなさい。

(1)「会場内の混雑状況は私には分かりかねます」
(2)「恐れ入りますが，会場内で伺っていただけますか」
(3)「おもちゃ博の会場まではこのまま真っすぐお進みください」
(4)「お役に立てませんで申し訳ございません」
(5)「心行くまでお楽しみになってください」

15

難易度　★★

クリニックの受付担当遠藤さつきは院長から，「クリニックもサービス業だから受付では愛想よく」と言われている。次はこのことについて遠藤が実践している例である。中から不適当と思われるものを一つ選びなさい。

(1) 表情も硬く顔色もよくない患者さんに症状を尋ねるときは，患者さんの調子に合わせるために笑顔を控えた。
(2) 待っている患者さんが多く時間がかかりそうなときに来院した患者さんには，時間がかかるがよいかと尋ねた。
(3) 初診の患者さんに症状を尋ね患者さんが言いにくそうにしたときは，「では先生にお話しくださいね」と言った。
(4) 長く待っていた患者さんを診察室に案内するときは，「お待たせして申し訳ございませんでした」と言って案内した。
(5) 保険証を持たず初診に来た患者さんの家族が後日保険証を持参したとき，症状のことは本人しか分からないので経過は尋ねなかった。

16

難易度　★

井上晴香の勤務する旅行会社ではツアーに参加するお客さまに，窓口であらかじめ三つの観光コースから行き先を選んでもらっている。この場合，お客さまにどのように言うのがよいか。次の中から**適当**と思われるものを一つ選びなさい。

(1)「この三つのコースからご選別いただけますか」
(2)「この中のお好きなコースをご採用くださいませ」
(3)「こちらからお好きなコースをお選びくださいませ」
(4)「三つの中でいずれのコースをご選定なさいますか」
(5)「三つのコースからお好みでご決断いただけますでしょうか」

V　実務技能

17

難易度 ★★★☆☆

化粧品販売店スタッフの米山美保は，お客さまからZ化粧品を求められたが現在品切れである。このような場合，米山はそのお客さまにどのように言うのがよいか。次の中から不適当と思われるものを一つ選びなさい。

(1) 同じタイプの化粧品があるので，入荷までそれで間に合わせてもらえないか。
(2) 評判がよくて品切れになっているが，手持ちの化粧品はいつごろまであるか。
(3) 同じ物の無料サンプルがあるが，入荷するまでそれで間に合わせてもらえないか。
(4) そちらも評判がよいが近々よさそうな新製品が入る予定なので，寄ってみてもらえないか。
(5) そちらは現在入荷待ちをしている品なので，入ったら連絡させてもらうということでもよいか。

18

難易度 ★★★☆☆

中川祐二はホテルの宴会場係だが，このホテルでは宴会場が研修会場として終日使われることが多い。次は，そのようなときに中川がお客さまサービスとして意識して行っていることである。中から不適当と思われるものを一つ選びなさい。

(1) マイクの音量は，好みに合わせてお客さまに調節してもらうが，しやすいように必ず事前に説明している。
(2) 会場の後方に用意している水とコップの補充や片付けなどは，プログラムを確認して研修の休憩時間ごとにしている。

(3) 事前に届いた当日配布用の資料などは，当日会場に運んで荷ほどきをし，お客さまがすぐ配布できるようにしておく。
(4) 会場のレイアウトなどは当日大きな変更がないように，お客さまには前日に連絡を入れて最終確認をするようにしている。
(5) 参加者数が多いとトイレの使用状態も変わるので清掃を多く入れているが，時間帯などお客さまの利用を妨げないよう注意している。

19

難易度 ★★★

洋菓子店のスタッフ島本ありさは，化粧箱入りのクッキーを複数購入のお客さまから，「病気見舞いを頂いた人へのお返しなのでのし紙を付けてもらいたい」と言われた。このような場合，のし紙の上書きはどのように書くのがよいか。次の中から**適当**と思われるものを一つ選びなさい。

(1) 寿
(2) 祈全快
(3) 御返礼
(4) 快気祝
(5) 御祝儀

20

難易度 ★★☆☆☆

次はギフトショップの服部真由が，お客さまへの対応の仕方として心がけていることである。中から不適当と思われるものを一つ選びなさい。

(1) 急いでいるというお客さまには，時間を尋ねて，それに合わせた受け答えや発送の手続きをするようにしている。
(2) 配送を希望するお客さまには伝票を渡して書いてもらうが，不備のところはこちらで尋ねて書き入れるようにしている。
(3) どんなものを贈ればよいかと尋ねられたら，お客さま自身の好みの物を贈るのが一番無難とアドバイスするようにしている。
(4) お客さまが贈る相手のことを話したときは，その話に応じながら好みを尋ねるなどしてそれに合った物を薦めるようにしている。
(5) 陳列品を眺めて迷っているお客さまには，ゆっくり品選びをした方がよいと言って，必要なら声をかけてくれるように言っている。

記述問題　Ⅳ　対人技能

21

難易度 ★

次の言い方を，意味を変えずにお客さまに言う丁寧な言い方に直しなさい。

(1) 二人だね。それなら，こっちの席でどうか。
(2) 今，席がいっぱいだが，少し待ってくれるか。

(1)	
(2)	

22

難易度 ★★

F商会の三村正人は，お客さまに商品代金の支払いを催促するため携帯電話にかけたが出ない。そこで留守番電話にメッセージを残すことにした。内容は，「1月20日に請求書を送ったが今日現在まだ入金の確認ができていない。調べて連絡をくれないか」である。この内容を留守番電話に残すときの丁寧な言い方に直しなさい。

記述問題　V　実務技能

23

難易度 ★★☆☆☆

ＡＢＣ家電のスタッフ石井秀之は店長から，「うちの店は節電のため，店内照明を一部消灯して営業している。不便をかけるが何とか理解して協力してくれるようお願いする」という内容を，お客さまに知らせる掲示文を作るようにと言われた。この場合の適切な掲示文を作成しなさい。

24　難易度 ★

次はカーディーラーの新人スタッフ本山太一が，お客さまに「担当の本山太一です。よろしくお願いします」と言って名刺を出している絵である。お客さまが出された名刺を見て，①あきれた表情をしているのはなぜか。またこの場合，②本山はどのように名刺を出すのがよいか。それぞれ答えなさい。

①あきれた表情をしているのはなぜか。

②本山はどのように名刺を出すのがよいか。

（第57回　2級終わり）

サービス接遇検定２級

第56回

試験時間：100分

Ⅰ　サービススタッフの資質

1

難易度　★★★★★

銀行のフロアサービスを担当することになった船橋亜希は，お客さまサービスを次のようにしようと考えた。中から不適当と思われるものを一つ選びなさい。

(1) 用紙の記入の仕方を尋ねてきたお客さまには，書き終わるまでそばに付いているようにしよう。
(2) 雨の日は，ぬれている床でお客さまが足を滑らすことのないように，小まめに拭くことにしよう。
(3) お客さまが集中して時間がかかっているときは，急ぎでないお客さまは出直した方がよいと案内するようにしよう。
(4) 待ち時間が長くいらいらしていそうなお客さまには，処理状況を見てきて知らせるなどして，気を紛らわせてもらうようにしよう。
(5) 閉店後別の出口から帰るお客さまには，出口まで案内して「お待たせして申し訳ありませんでした」と言って送り出すようにしよう。

2

難易度 ★★

次は，ある化粧品販売店のスタッフたちの仕事ぶりである。中から「サービススタッフとしての資質はあるが，まだ販売スタッフの適性になっていないもの」を一つ選びなさい。

(1) A ― おしゃべり好きで話題が豊富だから，どんなお客さまにも話を合わせられて世間話もうまい。
(2) B ― おっとりした性格なので，きつい言い方をするお客さまでも気にせず冷静に商品説明をしている。
(3) C ― 元気で冗談が好きなのでお客さまが気安く感じ，名指しで問い合わせの電話を受けることが多い。
(4) D ― 人懐こい性格なので誰とでも親しくなり，時には友達のように親身にお客さまの相談に乗っている。
(5) E ― きちょうめんな性格だからどのお客さまにも丁寧に接し，応対はマニュアルを超えないようにしている。

3

難易度 ★★★

焼き肉店スタッフの樋口さゆりは店長から，店に活気が感じられるような雰囲気づくりをすることと言われた。次は樋口が，そのためにはどのようにしたらよいか同僚と話し合ったことである。中から**適当**と思われるものを一つ選びなさい。

(1) 食品を扱うのでマニキュアをするのはよくないが，化粧は濃くした方がよいのではないか。
(2) お客さまから注文を受けるときは，姿勢をよくして声を張り上げて受け答えをするとよいのではないか。
(3) 硬い表情は暗い感じがするので，お客さまに迷惑をかけたときでも笑顔を崩さず対応するのがよいのではないか。
(4) お客さまが店内にいないときでも，テーブルの上を整えたり床を磨いたりして手を休めず動くとよいのではないか。

(5) お客さまが帰るときのあいさつは，お客さまが出口まで行くのを待ってから，大きな声でするのがよいのではないか。

4

難易度 ★☆☆☆☆

リゾートホテルの大谷ちえみは新人研修で支配人から，「お客さまサービスは，していることがいかにも分かるようなやり方をしていては，よいスタッフにはなれない」と言われた。そこで大谷は，それはどのようなことかを次のように考えた。中から<u>不適当</u>と思われるものを一つ選びなさい。

(1) サービスは，いかにもしているという雰囲気がない方がスマートに見えるということかもしれない。
(2) サービスはしたら感謝されなければならないものだから，奥ゆかしくした方がよいということかもしれない。
(3) いかにも分かるようなやり方のサービスは，お客さまにはうっとうしく感じられるということかもしれない。
(4) サービスはさりげなくして，それをお客さまが心地よいと感じられるのがよいサービスだということかもしれない。
(5) ホテルのサービスはするのが当たり前と思われているから，していることが目立つと印象がよくないということかもしれない。

5

難易度 ★★☆☆☆

フレンチレストランに勤務している川田圭佑はチーフから，「お客さまが満足するのは料理の味と応対するスタッフの気配りである」と言われ，次のような指導を受けた。中から<u>不適当</u>と思われるものを一つ選びなさい。

(1) お客さまを席へ案内しメニューを渡したら，お客さまが声をかけやすい場所に待機し，様子に気を配ること。

(2) 飲み物のグラスに注意していて，次の飲み物の案内をするときは，料理に合わせた物を薦められるようにすること。
(3) 料理を出して食材などの説明をしようとしたときお客さま同士が話していたら，説明しないでそのまま引き下がること。
(4) 魚料理がよく分からないと言われたら，魚の名前と調理法を言うだけでなく，どのような味かなどを具体的に説明すること。
(5) 料理が一通り済んだらお絞りのサービスをしながら，味はどうだったかなどと尋ね，次回につながる愛想を言うようにすること。

II　専門知識

6

難易度 ★★☆☆☆

次は，食べ物の味に関する用語とその説明である。中から不適当と思われるものを一つ選びなさい。

(1) 美味　＝　味がよい食べ物のこと。
(2) 調味　＝　食べ物の味を調べること。
(3) 味覚　＝　舌などで感じる味の感覚のこと。
(4) 風味　＝　その食べ物の独特のよい味のこと。
(5) 珍味　＝　めったに味わえない食べ物のこと。

7

難易度 ★★☆☆☆

次は陶器販売店の新人スタッフ北沢守が観察した，先輩のお客さま応対の例である。中から不適当と思われるものを一つ選びなさい。

(1) 連れの人と話しながら品選びをしているお客さまには，話しかけることをしないで離れるようにしていた。
(2) 眺めてはいるが手を出しかねている様子のお客さまには，「どうぞ，お手に取ってご覧くださいませ」と声をかけていた。
(3) どちらにしようかと手に取って見比べているお客さまには，それぞれの品の特長を説明しながら自分の好みを話していた。
(4) 手に取って見てはいるが他にも目を移しているお客さまには，「こちらにもございます」と言って類似品を紹介していた。
(5) それぞれの品をじっくりと見ながら慎重に選んでいる様子のお客さまには，「お手伝いできることはありますか」と声をかけていた。

8

難易度 ★★☆☆☆

富川道子が勤務の旅行代理店では，富裕層のお客さまをターゲットにした「のんびり観光で温泉とグルメを楽しもう」と題した旅行プランを企画することにした。次は富川たちが，この企画を立てる際に考えたことである。中から不適当と思われるものを一つ選びなさい。

(1) このプランは年配客が多いだろうから，若い人向けの人気スポットや料理などは外して企画しよう。
(2) 温泉とグルメを楽しむのだから，特徴のある温泉とご当地料理のある宿泊施設を選ぶようにしよう。
(3) 富裕層のお客さまを対象にするのだから旅行代金は高く設定し，グレードの高いホテルや旅館を選ぼう。
(4) 交通手段はワンランク上のクラスを設定し，乗り継ぎなどはなるべく無駄な時間が出ないようにしよう。
(5) のんびり観光だから，観光場所への移動やその場の滞在時間などは，余裕を持たせた旅程表を考えよう。

9

難易度 ★

住宅販売会社の竹本智也は新人研修で先輩から，「うちはアフターサービスに力を入れている」と言われた。次はそのとき竹本が，それは会社にとってどのような利点があるのか考えたことである。中から不適当と思われるものを一つ選びなさい。

(1) アフターサービスが丁寧で細やかだと，お客さまから信頼が得られ，知り合いなどを紹介してもらえるかもしれない。
(2) アフターサービスの一環として電話で日ごろからお客さまの相談に乗っていると，定期点検の時間を短縮できるかもしれない。
(3) アフターサービスでお客さま宅に出向く機会が多くなると，その地域の情報に詳しくなり新たな販路開拓に役立つかもしれない。
(4) 高い買い物なのでと慎重になっているお客さまも，アフターサービスが行き届いていると分かれば安心し購入につながるかもしれない。
(5) アフターサービスでお客さまと話す機会が多くなると，最近のお客さまのニーズが分かり，販売時のセールストークに生かせるかもしれない。

Ⅲ　一般知識

10

難易度 ★★★

次は，「鼻」の付く慣用句とその意味の組み合わせである。中から不適当と思われるものを一つ選びなさい。

(1) 鼻が利く　＝　敏感に察知する。
(2) 鼻を明かす　＝　真実を明らかにする。
(3) 鼻を折る　＝　得意顔の相手をへこませる。
(4) 鼻であしらう　＝　相手を軽視して冷淡な対応をする。
(5) 鼻にかける　＝　他よりも優れていることを自慢する。

11

難易度 ★★★☆☆

次は，人を褒めるときに使う言葉とその意味の組み合わせである。中から不適当と思われるものを一つ選びなさい。

(1) 前途洋々　=　先行きを見通す力があること。
(2) 群を抜く　=　他よりも一段と優れていること。
(3) 目端が利く　=　その場に応じた判断ができること。
(4) 折り紙付き　=　十分信用できるという評価があること。
(5) 一を聞いて十を知る　=　一部を聞いただけで全部を理解すること。

Ⅳ　対人技能

12

難易度 ★

カーディーラーのスタッフ岡田健が電話に出るとお客さまからで，「昨日『お車の点検の件でお電話を頂きたい』という留守番電話が入っていた」と言う。そこで岡田は，こちらから電話をした者の名前をお客さまに尋ねることにしたが，この場合どのような言い方をするのがよいか。次の中から言葉遣いが**適当**と思われるものを一つ選びなさい。

(1)「留守番電話はどなたからでしたでしょうか」
(2)「電話した者はお名前を何とおっしゃっていましたか」
(3)「電話の中でお名前は名乗られていましたでしょうか」
(4)「電話をした者は名前を申しておりましたでしょうか」
(5)「このお電話はどなたにおつなぎすればよろしいでしょうか」

13

難易度 ★☆☆☆☆

ビジネスホテルのフロント担当の木村俊介は，「お客さまサービスはお客さまの立場に立ってするもの」と指導されている。次は，それを意識して行った木村のお客さま対応である。中から不適当と思われるものを一つ選びなさい。

(1) 宅配便を送るので伝票をもらいたいというお客さまに，「着払いの伝票でしょうか，元払いでしょうか」と尋ねた。
(2) 雨の日に，近くにレストランがないかと尋ねてきたお客さまに，「館内のレストランではいかがでしょうか」と言った。
(3) 風邪をひいたらしく熱を測りたいというお客さまに体温計を渡しながら，「近くの病院をお調べしましょうか」と言った。
(4) 会議室利用のお客さまに鍵を渡しながら，「何かございましたらフロントへご連絡くださいませ。すぐ参ります」と言った。
(5) 中年の女性客に宿泊カードの記入をお願いするとき，ペンを渡しながら，「眼鏡はこちらをご利用くださいませ」と言った。

14

難易度 ★★☆☆☆

婦人服売り場のスタッフ山本文香がお客さまにスカーフを薦めたところ，「あら，結構いいお値段ね」と言われた。このような場合山本は，このお客さまにどのように対応するのがよいか。次の中から**適当**と思われるものを一つ選びなさい。

(1)「お客さまのおっしゃる通り，とてもお値打ち品でございます」
(2)「さようでございますか。では別の物をお探しいたしましょう」
(3)「少々値は張りますが，お使いになるとよさが分かると存じます」
(4)「ありがとうございます。さすがお目が高くていらっしゃいますね」
(5)「値段は価値を表していますので，それだけよい品ということでございます」

15

難易度 ★★★

料飲店の店長をしている桜井隼人は常連客から,「いい人が入ったね」と言われた。今回何人か新人が入ったのでその人たちのことらしい。この常連客が言う「いい人」とは，新人スタッフのどのような対応のことを言ったのか。次は桜井が考えたことである。中から不適当と思われるものを一つ選びなさい。

(1) 食事を終えて席を立とうとしているお客さまに，すぐに「またお願いいたします」と声をかけていた。
(2) お客さまからの注文を受けたとき,「ご注文ありがとうございます」と丁寧にお辞儀をしてから場を離れていた。
(3) お客さまに「新人さん？」と聞かれたとき，目線を合わせ「はい，さようでございます。何かご用ですか」と尋ねていた。
(4) 注文を聞き間違えて動揺していたようだが，その後来店したお客さまには「いらっしゃいませ。ようこそ」と笑顔で迎えていた。
(5) お客さまから早くできるものは何かと聞かれたとき,「『本日のお薦め』なら早いですが,他にもあるか確認してきましょうか」と答えていた。

16

難易度 ★★★★☆

谷口勇気の勤務している卸売会社では，社名の入ったタオルを配りながら得意先に新年のあいさつ回りをしている。次は谷口が，このことについて行ったことである。中から不適当と思われるものを一つ選びなさい。

(1) 訪問したときは，「すぐに失礼いたしますので，よろしいでしょうか」と一言断った。
(2) 社名入りのタオルは，あいさつのときに「よろしければお使いください」と言って幾つかまとめて渡した。
(3) あいさつは，「明けましておめでとうございます。本年もごひいきによろしくお願いいたします」と言って頭を下げた。
(4) 訪問したとき担当者が席を外しているということだったので，応対してくれた人に「何時ごろお席にお戻りですか」と聞いた。
(5) 特に世話になっている得意先へは，タオルの他に菓子折りを持って行き，「ほんの気持ちですが，皆さまでどうぞ」と言って渡した。

V　実務技能

17

難易度 ★★☆☆☆

貸会議室の菊山宏和はお客さまから，机の配置がお願いした形と違うようだと言われた。配置の仕方はお客さまからの依頼通りにしており，今からの変更では人手が足りず会議開始に間に合いそうもない。このような場合菊山は，お客さまに指示通りであることを伝えた後，どのように対応するのがよいか。次の中から不適当と思われるものを一つ選びなさい。

(1) これからでは会議の開始時間に間に合わないが，それでも直した方がよいかと尋ねて指示を仰ぐ。
(2) お客さまからの依頼通りの形になっているので，このまま何とか始めてもらえないかとお願いする。
(3) 会議の開始時間を少し遅らせてもらえれば変更することもできると話して，開始時間をずらせるかを尋ねる。
(4) スタッフだけでは変更が間に合わないので，申し訳ないが手伝ってもらえないかとお願いし手伝ってもらう。
(5) 他の空いている部屋を直せば開始時間に間に合わせることができるので，別の部屋になってもよいかと尋ねる。

18

難易度 ★★★☆☆

文具店勤務の藤井智恵子は，お客さまから「成人祝いに使う祝儀袋のことで聞きたい」と言われた。次は，そのお客さまの質問に藤井が答えたことである。中から<u>不適当</u>と思われるものを一つ選びなさい。

(1) 水引はちょう結びかそれとも結び切りか。
「成人祝いは人生に一度きりの祝いなので，結び切りになる」
(2) 筆書きは苦手なので万年筆で書きたいが，よいものか。
「ペン感覚で書ける筆ペンがあるが，そうした物ではどうか」
(3) 上書きの種類が幾つかあるが，どれが適当か。
「『御祝』か，何も書いてない袋に『祝御成人』と書くのもよい」
(4) 中に入れる現金に，何か気を付けることはあるか。
「お祝いの現金は，新札か折り目の付いていないきれいなお札がよい」
(5) 祝儀袋には，豪華な物も簡素な物もあるが。
「贈る金額に見合った物とされているが，お祝いなので見栄えのする物がよい」

19

難易度 ★★★★

美容院のチーフ宮本拓海は，来店したお客さまから苦情を言われた。予約の電話をしたところ，面倒くさそうで，受ける気がないような応対だったという。このような場合宮本は，そのお客さまに「大変申し訳ありません」と謝った後，どのようにするのがよいか。次の中から不適当と思われるものを一つ選びなさい。

(1) 早速電話応対の研修をするので，これに懲りずまた来店をお願いしたいと言う。
(2) 今後失礼なことがないよう十分注意すると言って，教えてもらったことに礼を言う。
(3) スタッフ全員で改善に努めるので，また気付いたことがあればお願いしたいと言う。
(4) すぐに店長を呼んできて，お客さまから言われたことを伝えて店長に対応をお願いする。
(5) すぐに電話を受けた者に注意するので，どのような応対だったのかを詳しく教えてもらいたいと言う。

20

難易度 ★

ハンドバッグ売り場の安藤佳織は，お客さまが買い上げたバッグを包装しようとしたとき，目立たない所に小さい傷があるのを見つけた。在庫を調べたところ同じ品はない。このような場合，安藤はお客さまにどのように対応するのがよいか。次の中から不適当と思われるものを一つ選びなさい。

(1) 目立たない所だが小さい傷がある。交換したいがあいにく在庫がないと話し，どのようにするかと尋ねる。
(2) 小さいが傷があるので，もし急ぎでなければ傷を分からなくする。待ってもらうことはできるかと尋ねる。
(3) 目立たない所だし在庫もないので，これでよいということなら，少し値引きさせてもらうがどうかと尋ねる。

(4) 幸いなことに小さい傷なので持ち歩くときには目立たないと話し，間に合わせてもらえないかとお願いする。

(5) 目立たない所に小さい傷がある。同じ品はないが色違いなら在庫があるのでそちらではどうかと提案してみる。

記述問題　Ⅳ　対人技能

21

難易度 ★☆☆☆☆

次は，レストランのスタッフ上田和真のお客さま応対の言葉である。それぞれ意味を変えずに，お客さまに言う丁寧な言い方に直しなさい。

(1) ここの席でよいか。よければこれを荷物入れに使ってくれ。
(2) 今日のお薦めメニューはこれです。どうぞ試してみてくれ。

(1)	
(2)	

22

難易度 ★☆☆☆☆

ショッピングセンター勤務の佐々木優花は先輩から，来店のお客さまに店内放送で落とし物の案内をするように指示された。下の枠内のメモを基に，店内放送用の丁寧な言い方を答えなさい。

> 来店のお客さまに知らせる。さっき２階エスカレーター前にスマートフォンの落とし物があった。心当たりのある人は，１階のサービスカウンターまで来てほしい。
> 今日も来店ありがとう。

記述問題　V　実務技能

23

難易度　★★

小山花音が勤務するABCジュエルは11月15日に開店５周年を迎える。これを記念してお客さまへの感謝の気持ちとして11月10日（木）から20日（日）まで，ポイント10倍セールを実施することになった。このことをお客さまに知らせる掲示文にするとしたらどのようになるか。この場合の適切な掲示文を作成しなさい。

24 難易度 ★★☆☆☆

次はテーマパークの案内係江口あゆみが，「お母さんはすぐに来るから大丈夫」と，母親とはぐれた迷子に言っている絵だが，迷子の対応の仕方として不適切なところがある。①不適切なところはどこか。またこの場合，②江口はどのようにするのがよいか。それぞれ答えなさい。

①不適切なところはどこか。

②江口はどのようにするのがよいか。

（第56回　2級終わり）

サービス接遇検定２級

第55回

試験時間：100分

Ⅰ　サービススタッフの資質

1

難易度 ★★★★★

次は調剤薬局のスタッフ河合幹子が，薬局に対してよい印象を持ってもらえるようにと心がけている日ごろの患者さん対応である。中から不適当と思われるものを一つ選びなさい。

(1) 患者さんに薬を渡すときは，病状を尋ねたりして患者さんが話しやすいようにしている。
(2) 何度か来ている患者さんが処方箋を出してきたときは，親しい調子の話し方をして気安さを出すようにしている。
(3) 何度も時計に目をやりながら待っている患者さんには，そばに行き順番が前後して申し訳ないと謝るようにしている。
(4) あいさつをしても応じない患者さんは，病気が心配で気が回らないのだろうから，愛想のようなことは言わないでいる。
(5) 会計が終わった患者さん同士がその場で世間話をしているようなときは，こちらでお願いしたいと邪魔にならない場所を案内している。

2

難易度 ★

レストランのスタッフ佐山寛太は店長から，「お客さま応対は感じがよいと思ってもらえることが重要」と言われた。次はこのことについて佐山が考えたことである。中から不適当と思われるものを一つ選びなさい。

(1) 小さな子供連れのお客さまを案内するときは，先に子供用の椅子をセットしてから案内するようにしたらどうか。
(2) メニューを見ながら決めかねているお客さまには，今日のお薦め料理などを言って手掛かりにしてもらうのはどうか。
(3) 開店前に「まだ少し早いか」と尋ねるお客さまには，入店してもらうことはできるが，注文はできないと答えたらどうか。
(4) 来店していつも同じ物を頼むお客さまには，「たまには違う物を召し上がってみてはいかがですか」と薦めてみるのはどうか。
(5) コース料理のお客さまにナイフとフォークをセットするときは，「お箸もございますが」と言って尋ねるようにしたらどうか。

3

難易度 ★

派遣スタッフ石浜かえでの派遣先が老舗の和菓子店になった。この派遣先には制服がない。そこで，服装や化粧はどのようにすればよいかを次のように考えた。中から**適当**と思われるものを一つ選びなさい。

(1) 老舗なので，商品に負けないような高級感のある服装や化粧をすればよいのではないか。
(2) 老舗としての和菓子が引き立つように，服装や化粧などはむしろ気にしない方がよいのではないか。
(3) 老舗は信頼が重要なので，服装も化粧も清潔感のある落ち着いたものにした方がよいのではないか。
(4) 店に注目を集めるためにも，流行を取り入れた目立つ服装にし，化粧も派手にした方がよいのではないか。

(5) 販売は個人がすることだから，服装も化粧も気を付けていて，他のスタッフと同じにならないようにするのがよいのではないか。

4

難易度 ★★☆☆☆

学習塾の受付担当藤本咲恵は主任から，お客さまは受付の印象で入塾を決めるから，受付は営業だと言われた。次はそのことを意識した藤本の受付での対応である。中から不適当と思われるものを一つ選びなさい。

(1) 学校の遅れを取り戻すために入塾をしたいという子供を連れた親に，親も一緒になって頑張らないと取り戻せないと言った。
(2) 友達と一緒に説明を聞きに来た二人連れの子供に，二人ならお互いが競争相手になって，自然に頑張れるようになると言った。
(3) 親に入塾の説明をしたとき，塾で勉強するのは子供さんなので，入塾は見学してみて子供さんが決めないと長続きしないと言った。
(4) 子供に塾の説明をしたが，反応がはっきりせず不安そうな顔をしているので，不安なことがあったら何でも尋ねてみることと言った。
(5) 塾の説明をした後，子供が他の塾も見たいと言っているという親に，決めるのは他を見学してからでもよいが，この塾の印象はどうかと尋ねた。

5

難易度 ★★☆☆☆

日本料理店接客係のチーフ山崎雅人は，新人スタッフのお客さまに対する気遣いが足りないと感じている。そこで山崎はスタッフに，お客さまへの気遣いとして具体例を挙げて次のように教えることにした。中から不適当と思われるものを一つ選びなさい。

(1) つえを使っている高齢のお客さまが来店したときは，足を自由に伸ばしやすい座敷席に案内すること。

2級／第58回問題
2級／第57回問題
2級／第56回問題
2級／第55回問題
2級／第54回問題
2級／第53回問題
2級／第52回問題

(2) グループで来ているお客さまから瓶ビールの注文を受けたときは，グラスは人数分でよいかを確認すること。
(3) 家族連れのお客さまから子供用の取り皿が欲しいと言われたときは，子供用のスプーンも一緒に持って行くこと。
(4) 交通渋滞で予約時間に遅れると連絡があったお客さまが来店したときは，一言ねぎらいの言葉をかけて迎えること。
(5) 食事を一通り終えたお客さまから追加でデザートの注文を受けたときは，食事が済んだ皿は下げるようにすること。

II　専門知識

6

難易度 ★☆☆☆☆

次は婦人服専門店のスタッフ大谷麻美が，お客さまに合わせた応対の仕方として日ごろ心がけていることである。中から不適当と思われるものを一つ選びなさい。

(1) 選んでみたが買おうかどうか迷っているお客さまには，目的を尋ねるなどして助言をするようにしている。
(2) いろいろ見てはいるが決め手に欠けると言うお客さまには，応対はせずに自由に見てもらうようにしている。
(3) 服のシルエットについて尋ねられたときは，流行のスタイルと比較するなどして分かりやすく説明するようにしている。
(4) 服の説明をするときには，その服の説明をするだけでなく，全体のコーディネートの仕方なども提案するようにしている。
(5) いつもの雰囲気と違うものを試着して迷っているお客さまには，いつもすてきだがこちらも似合っているので試した方がよいと勧めている。

7

難易度 ★☆☆☆☆

宅配便会社のドライバー塚本守は，個人宅への配送を担当している。次は塚本が日ごろ行っていることである。中から<u>不適当</u>と思われるものを一つ選びなさい。

(1) 配達したときに，ついでに集荷してもらいたいと言われることがあるので，発送用の伝票をいつも持っている。
(2) 会社のサービスについて要望など言われたときは，担当が違うので営業所に直接連絡してもらいたいと言っている。
(3) 着払いの配達のときは，前もって差出人名や金額を電話で伝えて，何時ごろ届ければよいかを確認してから届けている。
(4) お客さまの家を訪ねたときは，「毎度ありがとうございます。○○便です」と，元気よく会社名を言ってあいさつしている。
(5) お客さまに荷物を渡すときは伝票の氏名欄を指して，「こちらのお名前にお間違いないでしょうか」と確認してから渡している。

8

難易度 ★★☆☆☆

卸売会社勤務の青柳孝二は先輩が電話で，「7掛けでいかがですか」と言っているのを聞いた。この「7掛け」とはどのようなことか。次の中から**適当**と思われるものを一つ選びなさい。

(1) 卸値を，正価の7割にするということ。
(2) 卸値を，正価の3割にするということ。
(3) 代金の支払いは7カ月後でよいということ。
(4) 代金の支払いは7回の分割でよいということ。
(5) 代金の支払いは7割売れた時点でよいということ。

9

難易度 ★☆☆☆☆

家電販売店に勤務の杉田光一郎は店長から，「今月はサービスで勝負だ」と言われた。この言葉はどのようなことを言おうとしているのか。次の中から**適当**と思われるものを一つ選びなさい。

(1) お客さまへのサービスを金額に換算し，それを価格に含めた販売をしようということ。
(2) サービスをして，サービスとはこういうものだということをお客さまに知ってもらうこと。
(3) サービスに力を入れてお客さまからの信頼を得て，製品の売り上げを伸ばしていこうということ。
(4) いろいろあるサービスの中から店が行うサービスを限定して，お客さまに知らせようということ。
(5) サービスとはどういうことかをお客さまに分かってもらって，製品を買ってもらおうということ。

Ⅲ　一般知識

10

難易度 ★★★☆☆

次は，「食事」に関する用語とその説明の組み合わせである。中から不適当と思われるものを一つ選びなさい。

(1) 飽食　＝　食べ物に不自由しないこと。
(2) 美食　＝　うまい物ばかりを食べること。
(3) 会食　＝　人が集まって一緒に食事をすること。
(4) 寝食　＝　病気で起き上がれず寝たまま食事をすること。
(5) 常食　＝　日常の食事としていつも食べること。また，その食べ物。

11

難易度 ★★★☆☆

次の「　　」内は下のどの用語を説明したものか。中から**適当**と思われるものを一つ選びなさい。

「病気やけがの治療などに際して，医師が病状や治療方針を分かりやすく説明し，患者の同意を得ること」

(1) メンタルケア
(2) カウンセリング
(3) セカンドオピニオン
(4) エッセンシャルワーカー
(5) インフォームドコンセント

Ⅳ　対人技能

12

難易度 ★★

携帯電話販売店の窓口スタッフ金塚謙は，店内の商品を見ながら思案顔のお客さまがいるのを見かけた。このような場合，このお客さまに声をかけるとしたらどのように言うのがよいか。次の中から<u>不適当</u>と思われるものを一つ選びなさい。

(1)「お探しの機種はございましたか」
(2)「何かお困りのことでもおありでしょうか」
(3)「お尋ねくだされればご説明して差し上げますが」
(4)「よろしければお手伝いさせていただきますが」
(5)「お得な料金プランのご相談も承っておりますが」

13

難易度 ★★★★☆

傘売り場担当の久野真弓は店長から，女性用の傘は色や柄，大きさの種類がたくさんあるから，薦めるときはお客さまが気持ちよく購入してくれるような，お客さまに合わせた言い方が必要と言われた。次は，それを意識した久野のお客さま応対である。中から不適当と思われるものを一つ選びなさい。

(1) 置き忘れをしてすぐになくすというお客さまに，「なくしてもあまり気にならない格安なものを選ぶのはいかがでしょうか」
(2) 太めだから大きめにした方がよいかもというお客さまに，「そうですよね。大きめの傘なら，大雨のときにも安心ですものね」
(3) 雨の日は憂うつな気分になるというお客さまに，「明るい色にすると気持ちも晴れて，雨を楽しむ気分になれると思いますよ」
(4) 選ぶとき大きさに迷うという長身のお客さまに，「背丈がおありですから，大きめの方が映えますしバランスがよろしいと思いますが」
(5) 柄は大きいのと小さいのとどちらがお薦めかと尋ねる年配の女性客に，「お好みによりますが，大きい柄の方が若々しいかもしれませんね」

14

難易度 ★☆☆☆☆

販売店のスタッフ土田浩美は先輩から，お客さまに話すときは，なるべく当たりの柔らかい言葉遣いをするようにと言われた。次はその後土田が，習慣で使っていた言葉を直した例である。中から不適当と思われるものを一つ選びなさい。

(1)「直ちにご用意いたします」の「直ちに」を「すぐに」に
(2)「○○円，確かに頂戴いたしました」の「頂戴」を「領収」に
(3)「若干お時間を頂けませんでしょうか」の「若干」を「少し」に
(4)「ご芳名をお聞かせいただけますか」の「ご芳名」を「お名前」に
(5)「お好きなものをご選択くださいませ」の「ご選択」を「お選び」に

2級／第58回問題
2級／第57回問題
2級／第56回問題
2級／第55回問題
2級／第54回問題
2級／第53回問題
2級／第52回問題

15

難易度 ★

次は眼鏡店スタッフの菅谷蒼太が，日ごろ行っているお客さま応対である。中から<u>不適当</u>と思われるものを一つ選びなさい。

(1) フレームの調整などで訪れたお客さまには，次のために，新型フレームも紹介するようにしている。
(2) どちらのフレームにするか迷っているお客さまには，外見の印象や雰囲気をそれぞれ説明している。
(3) お客さまが気に入って選んだフレームでも，他の物の方が似合うときは，それを言って薦めている。
(4) お客さまにレンズを選んでもらうときは，値段も重要だが，材質も注意した方がいいと言っている。
(5) 自分では決めかねてどちらがよいかと相談してきたお客さまには，選ぶときの優先順位も教えている。

16

難易度 ★★

料飲店のスタッフ梅田ちさ子の今日の担当は，６時に予約の「取引先の接待」という宴席である。次は，お客さまがそろった時に順に言ったことである。中から<u>不適当</u>と思われるものを一つ選びなさい。

(1)「本日はご来店いただきましてありがとうございます。担当の梅田と申します。よろしくお願いいたします」
(2)「お料理は，ご接待のお客さまに人気の7,000円の料理長お任せコースでございます。ご期待くださいませ」
(3)「お時間は８時までになっておりますので，お飲み物のオーダーは７時半までとさせていただきます」
(4)「お飲み物のご注文は幹事さまに伺うことになっておりますので，後ほどお聞かせいただけますでしょうか」
(5)「皆さまおそろいですので，お飲み物とお料理をお出ししたいと存じますがよろしいでしょうか」

Ⅴ　実務技能

17

難易度 ★☆☆☆☆

アウトドアショップのスタッフ若菜高志のところに，３週間前に買ったウオーキングシューズをまだ履いていないので交換したいとお客さまが来店した。お客さまは購入のときに迷ったもう一つのデザインを希望しているが，その商品はもう店にはない。このような場合若菜は，このお客さまにどのように対応すればよいか。次の中から不適当と思われるものを一つ選びなさい。

(1) 希望の商品は店にないことを伝え，申し訳ないが返金ということで対応させてもらいたいと言う。
(2) 迷っていたことは覚えているが，日にちがたってから交換したいと言われても対応のしようがないと言う。
(3) 買い上げの日から日がたち過ぎているので，希望通りの交換はできないかもしれないと断ってから対応する。
(4) もう一つのデザインは既に店にはない。メーカーに在庫があれば取り寄せるが，その後の返品は遠慮願いたいと言う。
(5) 日にちが過ぎているので取り寄せには無理がある。できれば店にある商品の中から交換してもらえないかとお願いする。

18

難易度 ★★★☆☆

次は葬儀社の新人スタッフ井口知美が，先輩から仕事上必要なので覚えるようにと言われた用語とその説明である。中から不適当と思われるものを一つ選びなさい。

(1) 喪主　＝　葬儀を行う名義人のこと。
(2) 会葬　＝　会社で執り行う葬儀のこと。
(3) 遺族　＝　亡くなった人の家族のこと。
(4) 弔辞　＝　葬儀で述べる死者への別れの言葉のこと。

(5) 喪中　＝　亡くなった人の身内が喪に服している期間のこと。

19

難易度 ★☆☆☆☆

池田良樹の勤務する焼き肉店は駅に近いこともあり，駐車場に利用客以外の車の無断駐車が多くて迷惑している。そこで駐車場に「当店ご利用のお客さま以外の駐車は，（　　）お断りいたします」という看板を設置することにした。次の中から（　　）内に入る**適当**な言葉を一つ選びなさい。

(1) 強く
(2) 固く
(3) 絶対に
(4) 一切合切
(5) 断固として

20

難易度 ★☆☆☆☆

園芸店のスタッフ瀬田眞一は夫婦で来店のお客さまから，「観葉植物を部屋に置きたいが，どれを選んだらよいか分からない」と相談された。次は，このとき瀬田がお客さまに尋ねたことである。中から<u>不適当</u>と思われるものを一つ選びなさい。

(1) 購入の経験
(2) 部屋の広さ
(3) 好みの植物
(4) 家族の人数
(5) 大体の予算

記述問題　Ⅳ　対人技能

21

難易度 ★☆☆☆☆

次の言い方を，意味を変えずにお客さまに言う丁寧な言い方に直しなさい。

(1) その品については調べて，こっちから連絡する。
(2) 何時ごろなら都合がいいか。

(1)	
(2)	

22

難易度 ★★☆☆☆

郵便局窓口スタッフの小野寺弘子がお客さまに対応していたところ，脇から「急いでるんだけど」と言って男性客が送金の振込用紙と整理券を出してきた。お客さま対応は番号順に行っており，男性客は次の番号である。このような場合，小野寺はこの男性客にどのように言うのがよいか。その言葉を答えなさい。

記述問題　V　実務技能

23

難易度 ★

ＯＫ靴店勤務の矢口亜弥は店長から，「靴選びは任せてくれというタイトルで，靴選びで悩んでいる人に，シューフィッターが履きやすい靴選びを手伝います。どんなことでも気軽に相談してほしいという内容の掲示文を作成するように」と指示を受けた。この場合の適切な掲示文を作成しなさい。

24

難易度 ★★★★★

次はウエディングプランナーの白井玲奈が，来訪のお客さまにコーヒーを出している絵である。白井のコーヒーの出し方を見て，①お客さまが驚いたような表情をしているのはなぜか。またこの場合，②コーヒーの出し方はどのようにするのがよいか。それぞれ答えなさい。

①お客さまが驚いたような表情をしているのはなぜか。

②コーヒーの出し方はどのようにするのがよいか。

（第55回　2級終わり）

サービス接遇検定２級

第54回

試験時間：100分

I　サービススタッフの資質

1

難易度 ★★★★★

次はリゾートホテルのスタッフ大橋瑞樹が新人研修の中で，スタッフに必要な心構えとして話したことである。中から不適当と思われるものを一つ選びなさい。

(1) ホテルは，お客さまの要求には可能な限り応じることが原則だから，求められたら全力で対応すること。
(2) 時にはお客さまのわがままと思えることにも対応することがあるが，それも仕事と割り切ってすること。
(3) スタッフは，お客さまの身の回りの世話をするのが仕事だから，お客さまに奉仕しようという気持ちを持つこと。
(4) お客さまは多忙な日常からくつろぎを求めて来ているのだから，尋ねられたこと以外の会話はしないようにすること。
(5) ホテルの印象は，スタッフの明るさやてきぱきした行動でも決まるのだから，お客さまには快活な態度で接すること。

2

難易度 ★★★★

次は，美容院に勤務している夏川康平のお客さま対応である。中から不適当と思われるものを一つ選びなさい。

(1) 初めてのお客さまには，会話の糸口を見つけるために，「お住まいはお近くですか」のように話しかけている。
(2) 髪形を決めかねているお客さまには，そのお客さまの雰囲気を話し，ヘアカタログを見せて似合いそうな髪形を勧めている。
(3) 予約なしのお客さまには大体の待ち時間を話し，用事があれば済ませてきた方がよいと言って，時間の無駄がないようにしている。
(4) 得意客が不意に来店し待ち時間が予想されるときは，状況を言って，日を改めた方がよいと話しすいている日の予約を勧めている。
(5) お客さまが指名したスタッフが休みのときは，よければ自分が代わりを担当させてもらうと話し，施術後に次回もよろしくと言っている。

3

難易度 ★★★★

販売店のスタッフ沢口綾乃は店長から，お客さまが多く忙しいと応対が雑になりがちだから，特に丁寧さを意識して応対をしないといけないと言われた。そこで沢口は，丁寧さを意識するとお客さまにどのような影響があるかについて次のように考えた。中から不適当と思われるものを一つ選びなさい。

(1) 丁寧な応対をすると動作がゆっくりになるので，お客さまの動作もゆっくりになる。
(2) 丁寧な応対は話し方もゆっくりになるので，忙しくてもきちんと応対していると感じてもらえる。
(3) 応対を丁寧にするとお客さまを大切にしていると感じてもらえるので，混雑時の不快感がなくなる。
(4) 丁寧な応対には謙虚さが感じられるので，多少砕けた言葉で応対してもお客さまは気にしなくなる。

(5) 丁寧さを意識するとせかせかした様子がなくなるので，お客さまが落ち着いて買い物ができるようになる。

4

難易度 ★☆☆☆☆

次は旅行会社のカウンター担当熊田貴幸が，お客さまへの対応で気を使っていることである。中から不適当と思われるものを一つ選びなさい。

(1) 来店したお客さまには，旅行のことは何でも相談に乗るので気軽に連絡してもらいたいと言って名刺を渡している。
(2) お客さまが希望するコースが満員で断るときは，同じようなコースを幾つか調べて案内し希望に沿えるようにしている。
(3) なかなか意見がまとまらない女性のグループ客には，意見をまとめてから出直した方が旅行先で楽しめると話している。
(4) 予約のチケットをお客さまに渡すときは，周辺の観光スポットのリーフレットなども用意しておいて渡すようにしている。
(5) 宿泊ホテルをキャンセル待ちしているお客さまには，途中で状況を連絡するなどして別のホテルへの変更の判断がしやすいようにしている。

5

難易度 ★★☆☆☆

フレンチレストランのスタッフ高本郁美は，談笑しているグループ客の声がだんだん大きくなってきたので，注意した方がよいかとチーフに尋ねた。するとチーフから，「注意してもよいが，くれぐれも周りのお客さまに気付かれないように」と言われた。それはなぜか。次の中から不適当と思われるものを一つ選びなさい。

(1) お客さまに注意するということは，店としては本来することではないから。
(2) スタッフがお客さまに注意をすると，周りのお客さまも気分を害するから。
(3) 注意をしたお客さまに周りの注目が集まると，恥をかかせることになるから。
(4) 注意しても変わらないようなことがあると，店としての威厳が保たれないから。
(5) 注意は大声で談笑しているお客さまだけでよく，他のお客さまには関係がないから。

II　専門知識

6

難易度 ★

リサイクルショップの店長をしている福田剛は，地域のお客さまから身近な店として親しまれることを目標にしている。次は福田が，そのためにはどのようにすればよいか考えたことである。中から不適当と思われるものを一つ選びなさい。

(1) 来店のお客さまに，買い取ることもできるが修理も可能だと柔軟な対応ができることを話したらどうか。
(2) お客さまの求めている物が店にないときは，入ることがあったら連絡しようかと気安く対応するのはどうか。
(3) 洋服やバッグは季節によって需要が異なるので，その時季に合わせてチラシを配り，より多くの人に宣伝するのはどうか。
(4) お客さまが希望している品の在庫があっても他に安い類似品があればそれを紹介し，お買い得と言って薦めるのはどうか。
(5) 初めてのお客さまには，家電の取り付け作業に出向くこともできると言って，近所の利便性を知ってもらうのはどうか。

7

難易度 ★☆☆☆☆

山口優香が勤務するレストランはセルフサービスである。次は山口が，お客さまに快適にレストランを利用してもらうために考えたことである。中から<u>不適当</u>と思われるものを一つ選びなさい。

(1) お客さまの多い時間帯は，滞在時間を制限して多くのお客さまが利用できるようにするのはどうか。
(2) 注文は先に食券を買ってもらうようになっているが，追加の場合は口頭でも受けるようにしたらどうか。
(3) 荷物を持ったお客さまが手元に荷物を置けるように，荷物を入れるバスケットをテーブルの脇に置いたらどうか。
(4) セルフサービスなので，お客さまが気持ちよく食事ができるように，テーブル上にウエットティッシュを置いたらどうか。
(5) 食事を終えたお客さまが食器を置いたまま席を離れるのを見たら，他のお客さまにも分かってもらえるように呼び止めるのはどうか。

8

難易度 ★★★★☆

次は，値段に関する用語とその説明の組み合わせである。中から<u>不適当</u>と思われるものを一つ選びなさい。

(1) 付け値　＝　買い手が付けた値段。
(2) 言い値　＝　売り手の言う通りの値段。
(3) 小売値　＝　一般消費者に販売する値段。
(4) 捨て値　＝　損を覚悟で付ける安い値段。
(5) 掛け値　＝　競(せ)りのときのかけ声で決まる値段。

2級／第58回問題
2級／第57回問題
2級／第56回問題
2級／第55回問題
2級／第54回問題
2級／第53回問題
2級／第52回問題

9

難易度 ★★★★★

タクシードライバー城本文夫は主任から，「お客さまがまた利用したいと思ってくれることをするのがサービスだ」と言われた。そこで城本は，それはどのようなことかを同僚と話し合った。次の中から不適当と思われるものを一つ選びなさい。

(1) 雨の日は，降りるお客さまが傘を開くまで車から出て傘を差しかけてあげたらどうか。
(2) 予約センターで到着までの待ち時間を言うときは，少し余裕を見た時間を伝えてもらうようにしたらどうか。
(3) トランクの荷物はこちらがしますのでお待ちくださいと言って，自分が出し入れをするようにしたらどうか。
(4) 行き先の店について評判を尋ねられたら，聞いている情報だけだがと断って知っていることを話すのはどうか。
(5) 道路の混雑状況を尋ねられたら，ナビも当てにならないことがあるので何とも言えないと言うようにしたらどうか。

III　一般知識

10

難易度 ★★★★★

次の下線部分は，お客さまでにぎわっている様子や状態を表している言葉である。中から不適当と思われるものを一つ選びなさい。

(1) チケット売り場は目白押しの行列だ。
(2) 初詣の参道はイモを洗うような混雑だ。
(3) 問い合わせの電話が引きも切らず鳴り響く。
(4) あの飲食店は閑古鳥が鳴くほどのにぎわいだ。
(5) バーゲンセールはどこも上を下への大騒ぎだ。

11

難易度 ★★★☆☆

次の「　　」内は下のどの用語を説明したものか。中から**適当**と思われるものを一つ選びなさい。

「領収書などに貼った収入印紙に使用済みとして押す印」

(1) 公印
(2) 実印
(3) 消印
(4) 訂正印
(5) 捨て印

Ⅳ　対人技能

12　難易度 ★★★☆☆

日本料理店勤務の水谷由美子は，席へ案内しようとしたお客さまから，「すてきな雰囲気のお店ですね」と言われた。このような場合水谷は，どのように言えばよいか。次の中から不適当と思われるものを一つ選びなさい。

(1) ありがとうございます。早速店長に申し伝えます。後ほどごあいさつに伺わせます。
(2) ありがとうございます。雰囲気だけでなくお料理もご満足いただけるよう努めます。
(3) ありがとうございます。雰囲気を保つためお客さまにもご協力いただいております。
(4) お褒めいただきましてありがとうございます。今後ともごひいきにお願いいたします。
(5) お気に召していただけましたか，恐れ入ります。何かございましたらお申し付けくださいませ。

13

難易度 ★★☆☆☆

婦人服売り場のスタッフ早瀬絵美がお客さまにコートを薦めたところ，「あら，結構いいお値段ね」と言われた。このような場合早瀬は，このお客さまにどのように対応するのがよいか。次の中から**適当**と思われるものを一つ選びなさい。

(1)「ありがとうございます。とてもお値打ちの品でございます」
(2)「はい，お客さま。さすがお目が高くていらっしゃいますね」
(3)「さようでございますか。では別の物をお探しいたしましょうか」
(4)「そうですか。でも値段の分だけよい品ということでございます」
(5)「少々値は張りますが，お召しになるとよさがお分かりいただけると存じます」

14

難易度 ★★★★★

次はビジネスホテル勤務の北野啓太が，お客さまの電話に対応したことである。中から不適当と思われるものを一つ選びなさい。

(1)「ホームページの限定プランについて聞きたい」と言うお客さまに，「私が承ります。どうぞおっしゃってください」
(2)「前回宿泊したとき，室内の掃除が不十分だった」と言うお客さまに，「具体的にお伺いしてもよろしいでしょうか」
(3)「今日宿泊する者だが，駐車場の確保はできるか」と言うお客さまに，「確保いたしますので，車種をお願いいたします」
(4)「今日シングルの部屋は空いているか」と言うお客さまに，「あいにく本日は満室でございます。キャンセル待ちで受け付けましょうか」
(5)「前回宿泊したとき，部屋のエアコンの効きが悪かった」と言うお客さまに，「そのようなことがございましたら，今後はお知らせいただければすぐ対応いたします」

15

難易度 ★★★★★

次は販売店勤務の太田莉菜が，お客さまが探している品物を尋ねるときに言った言葉である。中から言葉遣いが不適当と思われるものを一つ選びなさい。

(1)「お探しの品はどのような物でしょうか」
(2)「どのような品物を探されているのですか」
(3)「どのような商品をお探しでございますか」
(4)「お探しになられているのはどのような物でしょうか」
(5)「どのような物をお探しになっていらっしゃるのですか」

16

難易度 ★★

料理飲食店のスタッフ樋口咲希が，グループ客に注文を取ろうとして「何になさいますか」と尋ねたところ，客の一人が笑いながら「この店のメニュー全部」と言った。冗談で言っているのであろうが，このような場合どのようにして注文を取ればよいか。次の中から不適当と思われるものを一つ選びなさい。

(1)「こちらがお薦めですよ」と二，三紹介して，注文しやすいきっかけをつくる。
(2)「メニュー全部をお幾つお持ちしますか」と言って，それぞれの料理を確認する。
(3)「一番は何をお持ちしましょうか」と言って一緒に笑いながら，少し待っていて注文を取る。
(4)「どのようなものがお好みですか」と尋ねて受け答えをし，お客さまが選びやすいようにする。
(5) 開放感の上での冗談であろうから，「何からお出しするのがよいでしょうか」と笑いながら少し待っている。

V　実務技能

17

難易度 ★★★☆☆

文具店のスタッフ園田麻里はお客さまから，祝儀袋の水引に「結び切り」と「ちょう結び」があるようだがどのように使い分けるのかと聞かれた。次はそのとき園田が答えたことである。中から<u>不適当</u>と思われるものを一つ選びなさい。

(1) 結婚祝いには「結び切り」
(2) 長寿祝いには「結び切り」
(3) 出産祝いには「ちょう結び」
(4) 就職祝いには「ちょう結び」
(5) 成人祝いには「ちょう結び」

18

難易度 ★★☆☆☆

傘売り場担当の樋山麻衣がお客さまお買い上げの傘を包装しようとして点検したところ，実用上差し支えはないようだが，目立たない所の縫い合わせ部分に微細な織り傷があるのに気付いた。この傘は多量生産品ではないのであいにく在庫がない。このような場合樋山は，お客さまにどのように対応するのがよいか。次の中から<u>不適当</u>と思われるものを一つ選びなさい。

(1) 目立たない所でも織り傷があるのは事実なので，交換したいが在庫がないのでどうするかと尋ねる。
(2) 買い上げてもらったが微細とはいえ織り傷がある。気にならなければよいがどのようにするかと尋ねる。
(3) 目立たない所であり，気にならないからよいということなら，少し値引きさせてもらうがそれでよいかと尋ねる。
(4) 織り傷はあっても微細で実用上は差し支えないものであるし，在庫もないので間に合わせてもらえないかとお願いする。

2級／第58回問題
2級／第57回問題
2級／第56回問題
2級／第55回問題
2級／第54回問題
2級／第53回問題
2級／第52回問題

(5) 目立たないといっても織り傷があるのは事実で，交換できる在庫もないので他の傘を検討してもらえないかとお願いする。

19

難易度 ★★★

次はコンビニエンスストアの店長杉山孝が，普段心がけていることである。中から不適当と思われるものを一つ選びなさい。

(1) 雑誌の陳列棚は，当日発売した雑誌などはお客さまが探しやすいように目立つ場所に並べている。
(2) 店の前の道路に車を止めて買い物をしているお客さまには，時間がかかっているときは注意している。
(3) レシートは要らないと言う人も多いので，ご入り用の際はお申し付けくださいと言うようにしている。
(4) キャンペーン商品があるときには，お客さまが来店したとき，ただ今キャンペーン中ですと案内している。
(5) 陳列棚の整理中であっても，お客さまがそばを通ったら，「いらっしゃいませ」と顔を向けて言っている。

20

難易度 ★★

通信販売会社のスタッフ柴田恵美は，「２週間以上前に注文した商品がまだ届かない」というお客さまからの電話を受けた。調べてみると注文を受けた後すぐに発送していたが，不在で商品がこちらに戻ってきていた。次はこのとき柴田がお客さまに言った内容である。中から不適当と思われるものを一つ選びなさい。

(1) お客さまからの注文は確かに受け付けている。
(2) 商品をすぐに発送したが留守のため不在票を何度か入れていたようだ。
(3) 期限までに連絡がつかなかったので，商品がこちらに戻ってきている。
(4) すぐに再発送の手続きを取るので，今度は確実に受け取ってもらいたい。
(5) 再配達の希望日と，念のためもう一度住所と連絡先を教えてもらいたい。

記述問題　Ⅳ　対人技能

21

難易度 ★★★☆☆

次の言い方を，意味を変えずにお客さまに言う丁寧な言い方に直しなさい。

(1)「こっちから送った書類は，見てもらえたか」
(2)「記入が済んだら，急いで書類を送り返してくれ」

(1)	
(2)	

22

難易度 ★★☆☆☆

ＡＢＣ時計店の販売スタッフ野原祐紀は，先日腕時計の修理の依頼を受けたお客さま（江田様）に，修理完了の電話をしたが不在であった。そこで野原はこの件についての来店依頼と，店の営業時間（10時から19時まで）について留守番電話に残すことにした。この場合のメッセージを答えなさい。

記述問題　V　実務技能

23

難易度 ★★

町井春菜が勤務する整形外科クリニックは，リハビリだけの通院患者さんもいて，来院後待ち時間もなくすぐに名前を呼ばれることがある。これに対して他の診察患者さんから苦情があり，主任から「待合室に『患者さんには順番に対応しているが，施療方法により順番が前後することがある。承知してもらいたい』という掲示文を作るように」と指示された。この場合の適切な掲示文を作成しなさい。

24

難易度 ★★★☆☆

次はスカーフ売り場のスタッフ風間芽依が，お客さまが鏡の前でスカーフを当てて見ているそばで陳列品を整えている絵だが，売り場スタッフの接客として不適切なところがある。①不適切なところはどこか。またこの場合，②風間はどのようにするのがよいか。それぞれ答えなさい。

①不適切なところはどこか。

②風間はどのようにするのがよいか。

（第54回　2級終わり）

サービス接遇検定２級

第53回

試験時間：100分

Ⅰ　サービススタッフの資質

1

難易度　★☆☆☆☆

木下祐二はホームセンターのスタッフである。開店直後の店内はお客さまが多く，入荷した商品を陳列しているときでも，商品について詳しく知りたいなどの質問をされる。このような場合，お客さまにどのように対応するのがよいか。次の中から**適当**と思われるものを一つ選びなさい。

(1) お客さまは質問にはすぐに答えてもらいたいのだから，陳列を続けながら答えるのがよい。
(2) 少し待ってもらって陳列の作業を中断してから，どのようなことかを尋ねて対応するのがよい。
(3) 手は休めず顔だけはお客さまに向けて，伺いますと言ってできるだけ素早く質問に答えるのがよい。
(4) 今は陳列中で手が離せないので，手の空いている他の店員に質問した方が詳しく聞けると答えるのがよい。
(5) いったん手を休めてお客さまに待ってもらって，近くにいる他の店員を探してあちらでとお願いするのがよい。

2

難易度 ★

村山真緒は，お客さまに対するお辞儀の仕方と言葉遣いについて研修を受けた。そのとき，お辞儀も言葉も形を整えればよいと考えられがちだが，実際には心が伴わないとよいお辞儀，よい言葉遣いにはならないと言われた。次は，そのことについて村山が考えたことである。中から不適当と思われるものを一つ選びなさい。

(1) お辞儀も言葉遣いも，心が伴わないとおざなりな感じになるからということではないか。
(2) お辞儀も言葉遣いも，心が伴わないと腰の低さが感じられないからということではないか。
(3) 心が伴っていればお辞儀も言葉遣いも丁寧になり，感じのよさが感じられるからではないか。
(4) お辞儀も言葉遣いも心が伴わないと，応対を形式的にしているとお客さまが感じるからではないか。
(5) 心が伴っていればお辞儀や言葉遣いが丁寧でなくても，心でしていると感じてもらえるということではないか。

3

難易度 ★

デパートの食品売り場スタッフ原口友子は歳暮シーズン中，贈答品特設売り場を臨時で担当することになった。そのとき先輩から，特設売り場なのだから新たな勉強のつもりで取り組むようにと言われ，原口は次のように考えた。中から不適当と思われるものを一つ選びなさい。

(1) お客さまの商品選びが，特設売り場と通常の売り場で違うのはなぜかについて勉強しよう。
(2) 特設売り場の陳列の仕方は通常の売り場の陳列とは違うが，なぜそうするかの勉強をしよう。
(3) 特設売り場と通常の売り場とではお客さま対応に違いがあるだろうか

ら，その違いを勉強しよう。

(4) 特設売り場は混雑するので，混雑時のお客さまサービスはどのようにするのがよいかを勉強しよう。

(5) 分からないことを尋ねられたときは臨時だと伝えて納得してもらい，今後に生かせるように勉強しよう。

4

難易度 ★☆☆☆☆

次は高齢者福祉施設のスタッフ大林祐子が，入居者と話をするときの対応で心がけていることである。中から不適当と思われるものを一つ選びなさい。

(1) 話をするときは，目線の高さを合わせて，分かってくれているかを確認しながら話すようにしている。

(2) 相手が言いたいことを思い出せずに話が途切れたときは，言葉を補いながら話の内容をサポートしている。

(3) 話を聞くときは，相手を見ながらうなずいたり，声に出して相づちを打ったりして反応するようにしている。

(4) 相手の話が同じことの繰り返しのときは，前の話と同じですねと確認してから，こちらが別の話題を提供している。

(5) 相手の要望がよく分からないときは，自分なりに解釈したことを話して間違いがないかを確認するようにしている。

5

難易度 ★☆☆☆☆

市役所の観光課勤務の南沢文恵は，市内の観光名所を巡るバスツアー参加者の世話役を担当することになった。次はそのとき南沢が，参加者に満足してもらうための心がけとして考えたことである。中から不適当と思われるものを一つ選びなさい。

(1) 車内では参加者の表情や様子に気を配り，快適に過ごせているかを注意して見ているようにしよう。
(2) 観光名所の説明は参加者に必要かどうかを尋ねてみて，興味がなさそうな場所の説明は省略しよう。
(3) 参加者の前で話をするときは，生き生きと張りのある言い方で全体に目を配りながら話すようにしよう。
(4) 観光名所を案内して歩くときは，参加者のペースに合わせながらも旅程時間を意識して歩くようにしよう。
(5) 何でも話せるという親しみやすさが感じられるように，参加者の要望には気安い雰囲気で応じるようにしよう。

Ⅱ　専門知識

6

難易度 ★★★★★

家電量販店スタッフの速水圭太は，洗濯機を購入したいというお客さまから，「この洗濯機を少し勉強（値引き）してもらえないか」と言われることがある。次はそのときの速水の対応である。中から不適当と思われるものを一つ選びなさい。

(1)「こちらは限定商品でございますので，申し訳ございませんがお値引きはいたしかねます」
(2)「いつもごひいきにしていただいておりますので，値札から１割引きでいかがでしょうか」
(3)「お値引きはもう目いっぱいですので，別売りの付属品をお付けしますがいかがでしょうか」
(4)「それでしたら，来月にセールがございますので，そのときにお越しいただけませんでしょうか」
(5)「こちらの商品はぎりぎりまでお値引きしております。表示金額の端数切り捨ての価格ではいかがでしょうか」

7

難易度 ★☆☆☆☆

紳士服販売店の伊藤宏人は女性のお客さまから，「夫にネクタイをプレゼントしたいがよく分からない。アドバイスしてもらえないか」と言われた。このような場合伊藤は，このお客さまにどのように対応するのがよいか。次の中から不適当と思われるものを一つ選びなさい。

(1) よく分からないと言うのだから，ネクタイの生地の違いなどを話しながら数点選びその中から選んでもらう。
(2) ネクタイのことは分からないといっても，夫が好む色くらいは分かるだろうから，それに基づいて幾つか選んでみる。
(3) はっきりした選択基準がないのだろうから，手持ちのネクタイの柄などを尋ねながら幾つか選びその中から選んでもらう。
(4) 分からないお客さまには選んであげることがよい手助けになるから，伊藤のプロとしてのセンスを生かして決めてあげる。
(5) スーツやワイシャツの色によって合わせやすい物があるので，そのような話をしながら数点選び，その中から選ぶように薦める。

8

難易度 ★☆☆☆☆

次は用語とその意味の組み合わせである。中から不適当と思われるものを一つ選びなさい。

(1) たたき売り　＝　元気に手をたたきながら売ること。
(2) 量り売り　＝　買う人の欲しい分だけ量って売ること。
(3) 卸売り　＝　商品を製造元から買い入れて小売店に売ること。
(4) 掛け売り　＝　後から代金をもらう約束で先に商品を渡す売り方のこと。
(5) 競り売り　＝　買い手に競争で値を付けさせ高い値を付けた者に売ること。

9

難易度 ★☆☆☆☆

次は精米店に勤める安部竜希が，お客さまサービスにはどのようなものがあるか考えたことである。中からサービスとして不適当と思われるものを一つ選びなさい。

(1) お客さまの購入記録で消費のペースを確認し，定期的に注文の問い合わせをするようにしたらどうか。
(2) お米は重くて持ち運びが大変なので，配達サービスの案内を入り口に張り出しておくのがよいのではないか。
(3) 店に置いていない品を聞かれたときには，似たような味の品を案内できるようにリストを作っておくのはどうか。
(4) お米は消費量も多く価格にこだわるお客さまも多いので，来店の回数が少なくなったら理由を尋ねるのはどうか。
(5) 新しい銘柄を好むお客さまには好みを尋ねておき，好まれそうな品種を入れたときは連絡するようにしたらどうか。

III　一般知識

10

難易度 ★★★☆☆

コンビニエンスストアのアルバイト須藤卓也は，店で取り扱っている定期刊行物の種類について，店長から次のように教えられた。中から不適当と思われるものを一つ選びなさい。

(1) 増刊号　＝　定期外に発行されるもの。
(2) 季刊誌　＝　１年に４回発行されるもの。
(3) 旬刊誌　＝　特別な時期に発行されるもの。
(4) 月刊誌　＝　１カ月に１回発行されるもの。
(5) 週刊誌　＝　１週間に１回発行されるもの。

11

難易度 ★★☆☆☆

次は，食事の「箸(はし)遣いのマナー」の悪い例の言い方とその説明の組み合わせである。中から不適当と思われるものを一つ選びなさい。

(1) 刺しばし　＝　はしで煮物などを突き刺して取ること。
(2) ねぶりばし　＝　食事をしながらはしの先をなめること。
(3) 涙ばし　＝　はしでつまんだ食べ物の汁を垂らしながら食べること。
(4) 寄せばし　＝　大皿の料理を一人が取っているところへはしを出すこと。
(5) 迷いばし　＝　どれを取ろうか料理の上ではしをあちこち動かし迷うこと。

Ⅳ　対人技能

12

難易度 ★

婦人靴専門店の立川みゆきが電話を取るとお客さまからで，「先週買ったパンプスのサイズが合わなくて足が痛い。外でちょっとしか履いていないので交換することはできないか」と言われた。次はそのとき立川がお客さまに順に言ったことである。中から不適当と思われるものを一つ選びなさい。

(1) 申し訳ございません。一度外でお履きになった物の交換は私どもでは行っておりません。
(2) そちらはもう商品にはなりませんので，お持ちいただいてもご要望に沿うことはできかねます。
(3) サイズが合わなくてお困りということですが，どのような具合なのかお聞かせいただけますか。
(4) 交換はできないのですが，お持ちいただければ幅を広げるなどの調整はできますがいかがでしょうか。
(5) せっかく私どもでお求めいただいたのですから，少しでもお力になれるよう対応させていただきます。

13

難易度 ★☆☆☆☆

次はＯＡ機器メーカーのスタッフ福井光行が，販売先のお客さまに機器の使い方を説明するときの仕方である。中から不適当と思われるものを一つ選びなさい。

(1) よく使う機能は使用例を挙げて説明し，詳しい内容は質問があれば答えるようにしている。
(2) 説明の途中で質問があったら都度回答し，メモに残して最後にもう一度確認するようにしている。
(3) 使い方を説明するとき，可能な場合はお客さまに実際に操作してもらいながら説明するようにしている。
(4) 一通り説明し終わったら全体を振り返ってもらい，分かりにくいところがなかったかを確認するようにしている。
(5) お客さまに興味を持って聞いてもらうためにも，積極的に専門用語を取り入れながら説明をするようにしている。

14

難易度 ★☆☆☆☆

フレンチレストランのスタッフ根本広大は，何度か来店したことのあるお客さまから会計後に，「おいしかったよ，ありがとう」と言われた。このような場合根本は，お客さまにどのように言うのがよいか。次の中から不適当と思われるものを一つ選びなさい。

(1)「ご満足いただけまして，私どももうれしい限りです」
(2)「恐れ入ります。私どもにはこの上ないお褒めのお言葉です」
(3)「ありがとうございます。そのお言葉で私どもも癒やされます」
(4)「お気に召していただけましたか。お口が達者でいらっしゃいますね」
(5)「シェフの腕も本格的になったということでしょうか。何よりでございます」

15

難易度 ★★

高木守が勤務するビジネスホテルでは「お客さま応対は親切に」をモットーにしている。次は高木がそのことを意識して応対した例である。中から不適当と思われるものを一つ選びなさい。

(1) 遅くに到着して近くで食事をしてくると言ったお客さまに,「開いているお店のご案内は必要ございませんか」
(2) ツインで頼んだが連れが急に来られなくなったと言うお客さまに,「シングルのお部屋の空きを確認いたしましょうか」
(3) チェックイン時に,送った荷物は届いているかと言うお客さまに「届いております。お部屋にお運びいたしましょうか」
(4) 自分宛てに連絡が入る予定になっているがなかったかと言うお客さまに,「受けておりませんが念のため確認してみます」
(5) 部屋にたばこの臭いが残っていると言うお客さまに,「全室禁煙でございますが,念のため消臭剤をお使いになりますか」

16

難易度 ★★★

販売店スタッフの田口啓介はお客さまから,「エアコンを取り付けてもらったが,取り付け方がずれているような気がする。見てもらえないか」という電話を受けた。このような場合田口はどのように言えばよいか。次の中から言葉遣いが不適当と思われるものを一つ選びなさい。

(1)「係の者が伺いまして,取り付け方を確かめます」
(2)「係の者が訪問し,取り付け状況を確認いたします」
(3)「早速係の者が参り,状況を確認させていただきます」
(4)「すぐに係の者が来訪し,取り付け状況を拝見いたします」
(5)「係の者がお邪魔して,取り付けの状況をチェックいたします」

V　実務技能

17

難易度 ★★☆☆☆

自転車販売店の店長柏木利輝は，自転車を購入してくれたお客さまにより満足してもらうために，アフターサービスを強化することにした。次は柏木が，顧客台帳にお客さまの氏名，住所，電話番号の他に追加しようと考えた項目である。中から不適当と思われるものを一つ選びなさい。

(1) 使用目的と使用頻度
(2) お客さまの来店時の服装
(3) 購入年月日と支払い方法
(4) 購入した商品名と付属品
(5) お客さまの趣味と家族構成

18

難易度 ★★☆☆☆

次は病院の窓口スタッフ小山映子の，普段の患者さん応対である。中から不適当と思われるものを一つ選びなさい。

(1) 会計で患者さんの名前を呼ぶときは，書類から顔を上げて患者さんの方を見てから名前を呼んでいる。
(2) 釣り銭の確認は，患者さんに見えるようにして数えているが，渡した後にお確かめくださいと言っている。
(3) 会計の内訳について聞かれたときは，こちらでは答えられないので直接先生に尋ねてもらいたいと言っている。
(4) 医療費の改定やお知らせ事項は掲示するが，掲示したときは関係しそうな患者さんにご覧くださいと案内している。
(5) 金銭の受け渡しはトレーで行っているが，受け取るときも渡すときも笑顔で患者さんの顔を見てするようにしている。

19

難易度 ★★★★☆

百貨店勤務の萩原美月は，お客さま係として電話応対を担当している。次は，最近の応対の例である。中から不適当と思われるものを一つ選びなさい。

(1)「贈り物なのに，指定した日の翌日に配送された」と言う苦情に，配送業者の不手際だと思うが申し訳なかったと謝った。
(2)「駐車場がいつも混んでいる」と言う苦情に，答え方が分からなかったので，申し訳ないと謝り先輩に対応を代わってもらった。
(3)「店員の態度の悪さにあきれた」と言う苦情に，申し訳ないと謝り，どんな失礼があったのか詳しく教えてもらいたいと言った。
(4)「昨日購入した服が，今日からセールで半額になった」と言う苦情に，今後はセールを知らせるので，今回はご容赦願いたいと謝った。
(5)「買ったばかりのスカートに染みを付けてしまったが，交換できないか」と言う要求に，無理だと伝え早くクリーニングに出すことを勧めた。

20

難易度 ★☆☆☆☆

コーヒーショップの店長横山隼人は，店内利用のお客さまが快適に利用できるように，次のことをスタッフに指導した。中から不適当と思われるものを一つ選びなさい。

(1) 店内にお客さまが多く食べ物の臭いがこもりやすいときは，タイミングを見て換気をすること。
(2) 手を洗うスペースは水滴が飛び散りやすいから，小まめにペーパータオルなどで拭くようにすること。
(3) ゴミ箱にあふれるほどゴミが入っているときは，その隣にもう一つ空のゴミ箱を置くようにすること。
(4) 観葉植物の葉はぬらした布などで拭いて生き生きとさせ，店内を爽やかな雰囲気になるようにすること。
(5) 見た目は汚れていなくても汚れはたまるものだから，定期的にテーブルや椅子の手あかなどを拭くようにすること。

記述問題　Ⅳ　対人技能

21

難易度 ★★☆☆☆

次の言い方を，お客さまに言う丁寧な言い方に直しなさい。

(1)「すまない。その件については，私には分からない」
(2)「担当者が戻ったら，お客さまに連絡するように言います」

(1)	
(2)	

22

難易度 ★☆☆☆☆

次はスポーツジムのスタッフ羽村俊太が，新規入会のお客さまに説明するときの内容の一部である。これをお客さまに言う丁寧な言い方に直して答えなさい。

> 今回は入会してくれてありがとう。僕はスタッフの羽村俊太と言います。ここがお客さんに使ってもらうロッカールームで，○○さんはここを使ってくれ。ロッカーの鍵の管理には十分気を付けてほしい。

記述問題　V　実務技能

23

難易度 ★★

中華料理店勤務の藤沢拓海は店長から，「オープン３周年記念として，11月15日（月）から20日（土）までテイクアウト料理を全品半額にすることにした。ぜひ多くの人に利用してもらいたい」という内容で，お客さまに知らせる掲示文を作るように言われた。この場合の適切な掲示文を作成しなさい。

24

難易度　★★★★★

次は洋菓子店勤務の坂井美奈子が，商品を購入したお客さまから「この宛名で領収書をもらいたい」と名刺を出されて受け取っている絵である。坂井の様子を見て，①お客さまが不愉快そうな表情をしているのはなぜか。またこの場合，②坂井はどのようにするのがよいか。それぞれ答えなさい。

①お客さまが不愉快そうな表情をしているのはなぜか。

②坂井はどのようにするのがよいか。

（第53回　2級終わり）

サービス接遇検定２級

第52回

試験時間：100分

Ⅰ　サービススタッフの資質

1

難易度 ★★★★★

病院のスタッフ藤井さやかは研修で，「患者さんに接するときは思いやりのある言い方をするように」と指導を受けた。次はそのことを意識して藤井が患者さんに言ったことである。中から不適当と思われるものを一つ選びなさい。

(1) 診察で食事制限の指導があった患者さんに，「最初は大変かもしれませんが，そのうち慣れてきますよ」と言った。
(2) 待ち時間が長くてつらそうな表情の患者さんに，「おつらいでしょうが，順番は変えられないですからね」と言った。
(3) 検査の結果を聞きに来て不安そうな表情の患者さんに，「先生にお任せしてまずは結果を聞いてみましょう」と言った。
(4) 再診で来院した顔見知りの患者さんに，「マスク越しに見えるお顔色はよさそうですがその後いかがですか」と言った。
(5) 診察が終わりほっとした表情の患者さんに，「大したことがなくてよかったですね。でも油断は禁物ですよ」と言った。

2

難易度 ★☆☆☆☆

家電量販店のスタッフ安部智也は店長から，店の売り上げを伸ばすには気安いと感じてもらえるお客さま応対をすることが大切と言われた。そこで安部は，気安いと感じられる応対がなぜ売り上げを伸ばすことになるのかについて次のように考えた。中から不適当と思われるものを一つ選びなさい。

(1) 初めて来店するお客さまも居心地がよいので，手に取る商品も増えるから売り上げにつながるのではないか。
(2) お客さまが何でも気軽に尋ねてくれるのでニーズが分かり，お客さまに合う品ぞろえができるからではないか。
(3) お客さまは新商品について気軽に尋ねることができるので，商品のことがよく分かり品選びがしやすくなるからではないか。
(4) 商品についてお客さまが気軽に尋ねてくれるので，スタッフはお客さまに気を使わず売ることに集中できるからではないか。
(5) スタッフがどのお客さまにも気安く商品の説明をするので，薦められた商品を購入したいと思うお客さまが増えるからではないか。

3

難易度 ★☆☆☆☆

美容室勤務の渡辺優花は新人スタッフの指導で，初めて来店するお客さまと雑談をするときの心得として，次のようなことを教えた。中から不適当と思われるものを一つ選びなさい。

(1) 初めはお客さまも様子が分からず戸惑いもあるだろうから，雑談はこちらから始めること。
(2) 初対面だから言葉遣いは丁寧にしないといけないが，明るい表情で親しみやすさを出すこと。
(3) 雑談はその場の緊張を解きほぐす効果があるので，希望の髪形を尋ねる前にするのも効果的である。

(4) 話す内容は，天気の話やその日のニュースで話題になったような無難な話から始めて様子を見ること。

(5) 初めてのお客さまには技術の高さを実感してもらうことも重要だから，カットをしている間は雑談をしないこと。

4

難易度 ★★☆☆☆

日本料理店勤務の本田晴香は先輩から，「お客さまに気持ちよく過ごしてもらうためには，応対のときに気配りが必要」と教えられ，次のような指導を受けた。中から<u>不適当</u>と思われるものを一つ選びなさい。

(1) 注文を受けるとき，限定メニューがあれば先に薦めてから注文を受けるようにするとよい。

(2) 席に案内するときは，店内が空いていれば，お客さまに希望を聞いてから案内するとよい。

(3) 料理を決められず迷っているときは，自分のお薦め料理を伝えて決めてあげるようにするとよい。

(4) コース料理を注文するお客さまには，苦手な食材やアレルギーの有無を尋ねてから受けるようにするとよい。

(5) 汗を拭いているお客さまがいたら冷たいお絞りを出しながら，エアコンの温度を調整しようかと尋ねるようにするとよい。

5

難易度 ★☆☆☆☆

郵便局の窓口業務担当の青木悦子は局長から，「お客さまに丁寧な言葉遣いをするのは当然のことだが，スタッフ同士の会話も丁寧さを意識すること」と言われた。次は青木が，スタッフ同士でも丁寧な言葉遣いをするのはなぜか考えたことである。中から<u>不適当</u>と思われるものを一つ選びなさい。

(1) 丁寧な言葉遣いで仕事をしていれば，それに合わせて仕事の仕方も丁寧になるからではないか。
(2) 窓口対応に時間がかかっても，丁寧な言葉遣いなので仕方がないとお客さまに納得してもらうためではないか。
(3) スタッフ同士が丁寧な言葉遣いで話をしていれば，雰囲気のよい郵便局という印象を持ってもらえるからではないか。
(4) スタッフ同士が丁寧な言葉遣いで話をしていれば，お客さまはスタッフ教育が行き届いていると感じるからではないか。
(5) スタッフ同士が丁寧な言葉遣いで話をしていれば，スタッフへの信頼感が増してお客さまからの相談事も多くなるからではないか。

II　専門知識

6

難易度 ★☆☆☆☆

アウトドア用品店のスタッフ森田祐介は主任から，「お客さまが店を選ぶ基準はよいスタッフがいること」と教えられた。そこで森田は，この店の場合どのようにすることがよいスタッフなのかを次のように考えた。中から不適当と思われるものを一つ選びなさい。

(1) アウトドアレジャーについて尋ねられたら，施設や好適地などの最新の情報をすぐに提供できることではないか。
(2) 商品名を忘れたと言って使い道を話し始めたお客さまに，最適な品をすぐに提案できる知識があることではないか。
(3) 必要な物を一式買いに来たというお客さまには，日程などを尋ねながら漏れのないように手助けすることではないか。
(4) 同じ品を複数個買おうとしているお客さまには，用途を尋ねて買い上げ品の過不足をアドバイスすることではないか。
(5) 自分の担当でない商品について尋ねてきたお客さまには，間違えるといけないので分からないとはっきり言えることではないか。

7

難易度 ★★★☆☆

次は用語とその意味の組み合わせである。中から不適当と思われるものを一つ選びなさい。

(1) 値頃　＝　買うのに適当な値段のこと。
(2) 元値　＝　仕入れたときの値段のこと。
(3) 値踏み　＝　買い手が値段を交渉すること。
(4) 言い値　＝　売り手の言う通りの値段のこと。
(5) 捨て値　＝　損を覚悟で付ける安い値段のこと。

8

難易度 ★☆☆☆☆

パソコン専門店のスタッフ横川良太は，お客さまに満足してもらえるサービスをするには「サービスとはどのようなことか」の理解が必要と考え，同僚と話し合ってみた。次はそのとき話し合ったことである。中から不適当と思われるものを一つ選びなさい。

(1) 併せて購入すると便利と思われる品があれば，オプション品でも積極的に紹介するのもサービスではないか。
(2) 必要な機器も含めて，関連することは何でも答えられるよう周辺知識を深めておくこともサービスではないか。
(3) 来店のお客さまが気持ちよく商品を見ることができるように，店内環境を整えておくこともサービスではないか。
(4) 買うつもりで来たが迷っているというお客さまには，無理に薦めず日を改めた方がよいと言うのもサービスではないか。
(5) お客さまの希望するパソコンの価格が予算より高いときは，支払い方法などをアドバイスすることもサービスではないか。

9

難易度　★

牧野香里が勤務する洋食店は評判がよく，特に土日は行列ができるので諦めて帰るお客さまもいる。そこで牧野は，そのようなお客さまを引き留めるにはどのような方法があるか同僚と話し合うことにした。次はそのときに出た意見である。中から<u>不適当</u>と思われるものを一つ選びなさい。

(1) 順番まで外出できるようにし，順番が近づいてきたらお客さまに連絡するというのはどうか。
(2) 長時間待たせそうなお客さまには，空いている平日の来店をお願いしたいと伝えるのはどうか。
(3) 30分以上待ってもらったお客さまには，次回来店時に使えるデザート券を渡すというのはどうか。
(4) インターネットで予約ができるようにし，現在の待ち時間がどこにいても確認できるようにしたらどうか。
(5) 待っているお客さまに申し訳ない気持ちが伝わるように，小まめに待ち時間などの様子を伝えるようにしたらどうか。

Ⅲ　一般知識

10

難易度　★

次の中から，「まだ結果が出ないうちから，もうけたつもりで計算すること」を例えることわざを一つ選びなさい。

(1) 捕らぬ狸(たぬき)の皮算用
(2) 鴨が葱(ねぎ)を背負って来る
(3) 柳の下にいつも泥鰌(どじょう)はいない
(4) 虎穴(こけつ)に入らずんば虎児(こじ)を得ず
(5) 二兎(と)を追う者は一兎をも得ず

11

難易度　★★☆☆☆

次は，長寿祝いの名称とその年齢の組み合わせである。中から<u>不適当</u>と思われるものを一つ選びなさい。

(1) 還暦　――　65歳
(2) 古希　――　70歳
(3) 喜寿　――　77歳
(4) 米寿　――　88歳
(5) 卒寿　――　90歳

Ⅳ　対人技能

12

難易度　★★

メンズショップのスタッフ長田綾子は店長から，「お客さまは自分に似合うものを選びたいのだから，スタッフは納得できるような一言を言うこと」と指導された。次はその後の長田の応対例である。中から<u>不適当</u>と思われるものを一つ選びなさい。

(1)　大柄のジャケットを選んだお客さまに，「お客さまは恰幅がおよろしいので，とても着映えがしますね」
(2)　ハット型の帽子を試着しているお客さまに，「キャップよりハット型の方が，落ち着いた感じで紳士的ですね」
(3)　ポロシャツを選びながら，自分に似合うかなと言うお客さまに，「ご自分のセンスで選ばれたのですから自信をお持ちください」
(4)　スーツを着てみてきつそうに見えるかなと言うお客さまに，「細身でいらっしゃるので，ぴったりとしたシルエットもすてきですよ」
(5)　ネクタイをこれがいいと選んだお客さまに，「ネクタイは合わせるのが難しいものですが，そちらのワイシャツとスーツにぴったりですね」

13

難易度　★★☆☆☆

カルチャースクールの受付をしている野本千絵は，講座を申し込みたいというお客さまからの電話を受けた。次はそのとき，野本がお客さまに順に尋ねたことである。中から言葉の使い方が不適当と思われるものを一つ選びなさい。

(1)「受講のお申し込みでいらっしゃいますね。ありがとうございます。どちらの講座をご希望でしょうか」
(2)「A講座の午前のコースですね。ただ今確認いたしますので，このましばらくお待ちいただくことは可能でしょうか」
(3)「残念ながら，ご希望の講座は定員に達したので締め切っております。午後のコースでしたら空きがございますがいかがなさいますか」
(4)「受講料は書類が届いてから1週間以内に指定の口座にお振り込みいただきたいのですが，大丈夫でしょうか」
(5)「それでは，早速お申込書を郵便でお送りいたしますので，ご住所とお名前をお聞かせ願えますでしょうか」

14

難易度　★☆☆☆☆

河本みなみは異動で売り場担当になった。そこで主任から，お客さまには「いらっしゃいませ」だけでなく「こんにちは」というあいさつもした方がよいと言われ，次のような指導を受けた。中から不適当と思われるものを一つ選びなさい。

(1)「こんにちは」と言えばお客さまは黙っているわけにはいかず，あいさつを返すことになる。
(2) どちらも同じだと思うが，お客さまによっては「こんにちは」の方が親しみを感じてもらえる。
(3)「いらっしゃいませ」はどこの店でも言うあいさつなので，「こんにちは」と言うと新味が感じられる。

(4)「こんにちは」は「ご機嫌いかがですか」と言外に言っているので，より愛想のよさを感じてもらえる。
(5)「いらっしゃいませ」は売り場のあいさつの基本だが，「こんにちは」と言うとお客さまに話しかける感じがする。

15

難易度 ★

リゾートホテルのスタッフ長島ひな子はチーフから，そろそろお客さま応対には慣れたかと聞かれた。次は，そのとき長島が「はい」と答えて言ったことである。中から不適当と思われるものを一つ選びなさい。

(1) 常連のお客さまの顔と名前を覚えられるようになった。
(2) お客さまの困っている様子にすぐ気が付くようになった。
(3) お客さまからお礼の言葉をかけてもらえるようになった。
(4) 常連のお客さまの好みの過ごし方が分かるようになった。
(5) お客さまと親しく話すためにしゃれを言えるようになった。

16

難易度 ★☆☆☆☆

次はバッグ専門店のスタッフ清水結衣が，お客さまにバッグを薦めるとき言ったことである。中から不適当と思われるものを一つ選びなさい。

(1) ビジネス用に使うというお客さまに，「そちらはＡ４サイズが楽に入りますので重宝しますよ」
(2) キャリーケースの大きさを悩んでいるお客さまに，「少し大きめの方がご旅行のときなど，お土産も入り便利ですよ」
(3) 慶事用のバッグを手に取って見ているお客さまに，「そちらは落ち着いたデザインですので和洋の兼用ができますよ」(4) ショルダーバッグを探しているというお客さまに，「お客さまは快活な雰囲気ですので，リュックタイプもお似合いになると思いますよ」
(5) バッグは洋服によって使い分けているというお客さまに，「どんなスタイルにも合わせられるバッグもありますのに不経済ではないですか」

Ⅴ　実務技能

17

難易度 ★★★☆☆

クリーニング店のスタッフ日向野洋子は依頼品を受け取りに来たお客さまから，「他の品は仕上がっているのにスーツだけがない」と言って控えの伝票を渡された。見るとスーツの仕上がり日は明日になっているが，お客さまは明日必要なのだと言う。このような場合，日向野はどのように対応すればよいか。次の中から不適当と思われるものを一つ選びなさい。

(1) 何とか間に合わせられるよう工場に交渉してみるが，できなければ今回は勘弁してもらえないかと言う。
(2) 仕上がり日について念を押さなかったことをお客さまに謝り，明日は他のスーツで間に合わせてくれないかと頼む。

(3) お客さまの事情を話して交渉してみるが，品物の仕上がり日についてはお客さまも注意して見てもらいたいと言う。
(4) 明日何時に必要かをお客さまに尋ね，それまでに届けられるように仕上げてもらえないか工場に交渉してみると言う。
(5) スーツだけ日にちが違うのは理由があるのだろうから無理かもしれないが，頼んでみるので待ってもらいたいと言う。

18

難易度 ★★★

ギフトショップのスタッフ笹本久美は，化粧箱入りのクッキーを複数購入のお客さまから，「病気見舞いを頂いた人へのお返しなのでのし紙をかけてもらいたい」と言われた。このような場合，のし紙の上書きはどのように書くのがよいか。次の中から**適当**と思われるものを一つ選びなさい。

(1) 寿
(2) 志
(3) 御祝
(4) 快気祝
(5) 祈全快

19

難易度 ★★☆☆☆

派遣スタッフの谷口知佳は，セレモニーホールで葬儀の受付をすることになった。受付には責任者がいてその補助だが，このような場合の心得として会社側から次のような指導があった。中から不適当と思われるものを一つ選びなさい。

(1) 受付には責任者がいるので，仕事は責任者の指示に従ってすること。
(2) ホールに到着し受付の責任者にあいさつをしたら，まずは焼香を済ませること。
(3) 受付スタッフとして遺族の悲しみを思いやり，笑顔は控えて振る舞うこと。
(4) 会葬者への受け答えは，どのようなことも声は小さめにしてしめやかな感じですること。
(5) 会葬御礼の品を渡すときは，「ご苦労さまでした」と言って丁寧にお辞儀をして渡すこと。

20

難易度 ★★☆☆☆

次は，調剤薬局の窓口スタッフ沢田千里の会計時の患者さん応対である。中から**適当**と思われるものを一つ選びなさい。

(1) お知らせなどがあるときは，薬局内に掲示をして知らせているが，会計時にも伝えるようにしている。
(2) 金銭の受け渡しはトレーで行うので，受け取るときも渡すときもトレーから目を離さないようにしている。
(3) 釣り銭があるときは，受け取った現金をレジに収納してから釣り銭を出し，お確かめくださいと言って渡している。
(4) 会計金額の内訳について聞かれたときは，まずは明細書を見てもらって分からないことだけ聞いてほしいと言っている。
(5) 患者さんの名前を呼ぶときは，呼び間違いのないように書類から顔は上げないが，張りのある声で呼ぶようにしている。

記述問題　Ⅳ　対人技能

21

難易度 ★★

次の言い方を，意味を変えずにお客さまに言う丁寧な言い方に直しなさい。

(1)「予約をもらっていた田中さんですね。待っていた」

(2)「用があれば，何でも私に言い付けてくれ」

(1)	
(2)	

22

難易度 ★★☆☆☆

不動産会社のスタッフ森田ゆりが電話を取るとお客さまからで，同僚の上村宛てだった。上村は外出していて戻りが2時の予定である。このような場合，「残念なことに上村は外出していて戻りが2時の予定だ。よければ代わりに自分が用件を聞いて，上村が戻ったらこっちから電話させてもらいたいと思うがどうか」ということを，お客さまにはどのように言うのがよいか。その言葉を答えなさい。

記述問題　V　実務技能

23

難易度 ★★☆☆☆

クリニックに勤務している松本香奈は，事務長から「7月1日木曜日から3日土曜日まで院長が学会に出席するので臨時休診にする。このことを患者さんに知らせ，不便をかけるが承知してもらいたい，という掲示文を作るように」と言われた。この場合の適切な掲示文を作成しなさい。

24

難易度 ★★★★★

次は旅行代理店の佐山翔太が，旅程表を見ながらお客さまに内容を説明している絵である。佐山の様子を見て，①お客さまが不愉快そうな表情をしているのはなぜか。またこの場合，②佐山はどのようにするのがよいか。それぞれ答えなさい。

①お客さまが不愉快そうな表情をしているのはなぜか。

②佐山はどのようにするのがよいか。

（第52回　2級終わり）

サービス接遇検定１級

第58回

試験時間：120分

Ⅰ　サービススタッフの資質

1 保険代理店の営業スタッフ折本淳子は後輩指導の中で，「担当のお客さまと良好な関係を築くには，スタッフとして信頼されることが必要。そのためには誠実な人と思われることが大切」と言ったところ，具体的にどのような接し方をすればよいかと質問された。このことに折本はどのように答えるのがよいか。箇条書きで三つ答えなさい。

2 フレンチレストランのフロアチーフ大森良介は，度を越した化粧やネイルアートをしたままお客さまサービスをしているスタッフが何人かいたので，身だしなみに気を付けるよう注意したところ，自分たちはお客さまを意識しておしゃれをしているのになぜ注意されるのかと不満顔で言われた。このような場合，大森はどのように言うのがよいか。箇条書きで三つ答えなさい。

Ⅱ　専門知識

3　加々見玲香が勤務するカフェは，毎年災害時に備えた避難誘導訓練を全員参加で行っている。今年は加々見がそのリーダーになったので，全員参加するようにと朝礼で通達すると後輩から，「なぜ全員参加しないといけないのか。今までに受けたことのない人だけが参加すればよいのではないか」と言われた。このことに加々見が答えるとしたらどのように言えばよいか。箇条書きで三つ答えなさい。

4　家電販売店に勤務の本郷悠斗は販売研修で講師から，「便利なネットショッピングがある中でも来店するお客さまは，商品を直接見て納得する買い物をしたいと思っている。そのようなお客さまに満足してもらうには，対面販売のよさを生かして積極的にお客さまに関わることだ。あなた方はプロなのだから，知識も生かした積極的なサービスをすること」と言われた。これは具体的にどのように対応することか。あなたの考えを箇条書きで三つ答えなさい。

5 温泉旅館のスタッフ長島啓介は電話でお客さまから，「私の兄弟とそれぞれの家族が，宿泊も共にして両親の金婚式の祝いをしたい。おいしい料理を味わいながら温泉でのんびりというのが両親の希望なので，よろしくお願いしたい」と言われた。もしあなたが長島だとしたら，お客さまに満足してもらうサービスをするために確認することは何か。箇条書きで三つ答えなさい。

Ⅲ　一般知識

6 次の上書きは，どのような場合に使用するか簡単に説明しなさい。

(1) 災害御見舞
(2) 類焼御見舞
(3) 陣中御見舞

（解答記入欄は次のページです）

(1)	
(2)	
(3)	

7 次は，暦の月の別称である。読み方と何月のことを言っているか，それぞれ書きなさい。

	読み方	月
(1) 卯月		(　　　) 月
(2) 皐月		(　　　) 月
(3) 弥生		(　　　) 月
(4) 睦月		(　　　) 月
(5) 如月		(　　　) 月

Ⅳ　対人技能

8　紳士服売り場のスタッフ谷本聡が，最近入ってきたスタッフに，「お客さまにはもう少し愛想よく応対するように」と注意したところ，「例えばどのようにしたらよいか」と質問された。このような場合，愛想よく応対することの具体例をどのように答えればよいか。箇条書きで三つ答えなさい。

9　テーマパークのスタッフ藤崎加菜美がパーク内を巡回していると，四，五歳くらいの男の子が「お母さんがいなくなった」と泣いているのを見かけた。このような場合どのように対処したらよいか。順を追って箇条書きで答えなさい。

10 次は病院の総合受付を担当している杉田美咲が，患者さんに対して言った言葉である。それぞれ丁寧な言い方をするとどのようになるか答えなさい。

(1) 今日はどの診療科を希望ですか。
(2) すまないが，今日は混んでいます。
(3) 待ってもらう時間が長くなるが，よいか。
(4) 紹介状はここで預かります。
(5) この用紙に住所と連絡先を書いてください。
(6) 後で名前を呼びます。
(7) あそこに座って待ってくれますか。

(1)	
(2)	
(3)	
(4)	
(5)	
(6)	
(7)	

11

美容院のスタッフ新谷麻美はいつも担当している得意客から電話で，「今から30分後にカットとカラーをお願いしたい」と言われた。その時間はちょうど予約が入っていて，予約客もカットとカラーである。このような場合新谷は，得意客にどのように対応すればよいか。具体的に箇条書きで三つ答えなさい。

12

ゴルフスクールのインストラクター星山一馬は，３カ月間コースのレッスン生を担当することになった。そのとき先輩から，「レッスン生には毎回楽しく受講してもらえるように，一人一人に気を配った指導の仕方をすること」と言われた。このような場合星山は，指導の仕方をどのようにすればよいか。具体的に箇条書きで三つ答えなさい。

13 ビジネスホテルスタッフの浜田智美はお客さまから電話で，「明日宿泊予定の者だが予約の確認をしたい」と問い合わせを受けた。次は，そのとき浜田がお客さまに確認しようとしたことである。それぞれお客さまに言う丁寧な言い方を答えなさい。

(1) 問い合わせの礼を言って名前を尋ねるときの言い方
(2) 予約があるかどうか確認するので，少し待ってもらいたいと言うときの言い方
(3) 確認したが名前がない，日にちに間違いはないかと尋ねるときの言い方

(1)	
(2)	
(3)	

14 コールセンターのスタッフ山村彩乃は後輩指導の中で，「お客さまに電話をかけて商品説明をするときは，お客さまが話を聞いてみたいと思うように感じのよい電話応対をすること」と言ったところ，具体的にはどのようにすればよいかと質問された。山村はこのことにどのように答えればよいか。順を追って箇条書きで答えなさい。

V　実務技能

15 牧みそらが勤務の美容室では，初めて利用したお客さまに再来店してもらうための方法として，来店後２週間以内に「ご利用時の満足度について」のアンケートメールを送信し回答してもらうことにした。このような場合，回答項目としてどのようなことを設定するのがよいか。箇条書きで四つ答えなさい。

16　旅行会社に勤務の野原洋子は，団体旅行客の添乗員として同行する後輩に，「お客さまに満足してもらうには，十分な事前準備と添乗中の気配りが重要」と言ったところ，具体的にはどのようにすればよいかと聞かれた。このような場合野原は，どのように答えることが必要か。箇条書きで三つ答えなさい。

17 文具店のスタッフ城元由衣は，不祝儀袋を買いに来たお客さまから次の質問をされた。どのように答えるのがよいか。それぞれ答えなさい。

(1) 葬儀の形式が分からないが，上書きはどのように書くのがよいか。
(2) 上書きを毛筆で書こうと思うが，注意することはあるか。
(3) 通夜と告別式の両方に参列するが，香典は両方に必要か。また，受付ではどのように言って出せばよいか。

(1)	
(2)	
(3)	

（第58回　1級終わり）

サービス接遇検定１級

第56回

試験時間：120分

Ⅰ　サービススタッフの資質

1　リゾートホテルでお客さま案内係を担当している室井昌子は後輩に，「お客さまを案内したりホテルの説明をしたりするのは案内係だから，よい印象を持ってもらえる接し方をしないといけない」と言ったところ，具体的にはどのような接し方かと尋ねられた。このような場合，室井はどのようなことを言うのがよいか。箇条書きで三つ答えなさい。

2　婦人服専門店スタッフの栗山章子は後輩に，お客さまにはきちんとした態度で丁寧に接することが基本だが，いつも同じ接し方では得意客にはなってもらえないと言ったところ，「なぜいつも同じ接し方では得意客になってもらえないのか」と尋ねられた。栗山はこのことにどのように答えればよいか。箇条書きで三つ答えなさい。

Ⅱ　専門知識

3　日本料理店勤務の小森希は，少人数の接待の席に利用したいが個室はあるかという電話を受けた。個室は用意できるので予約は受けられるが，その日は他の予約客も多く，料理の提供までに時間がかかることが予想される。このような場合，当日お客さまが満足するにはどのような配慮をして予約を受けるのがよいか。あなたの考えを箇条書きで三つ答えなさい。

4　医院の受付スタッフ菊地良美は院長から，利用してくれる患者さんは地域の人がほとんどだから，皆さんから選ばれる医院でないといけない。そのためには親切で丁寧な応対を意識して，患者さんから来院しやすいと思われることが大事だと言われた。この親切で丁寧な応対とは具体的にどのようにすることか。箇条書きで三つ答えなさい。

5

ネクタイ売り場のスタッフ東賢三はお客さまから，知人の息子さんの就職祝いにネクタイを贈りたいがどのようなものがよいか，と相談された。このような場合東は，このお客さまにどのように対応するのがよいか。箇条書きで三つ答えなさい。

Ⅲ　一般知識

6

次の用語を簡単に説明しなさい。

(1) 舌先三寸
(2) 傍目（おかめ）八目
(3) 口幅ったい

（解答記入欄は次のページです）

(1)	
(2)	
(3)	

7 「インフラ」という言葉について，次のそれぞれに答えなさい。

(1) 正式な言い方を答えなさい。
(2) どのようなことか簡単に説明しなさい。

(1)	
(2)	

Ⅳ　対人技能

8 高級レストランのスタッフ山口浩一は来店した年配の男女客から，「夫婦でゆっくりとおいしく料理を味わいたいのでよろしく頼む」と言われた。このような場合山口は，お客さまに満足してもらうためにどのような対応をすることが必要か。箇条書きで三つ答えなさい。

9 ビジネスホテルのフロントスタッフ山上智子は先輩から，「ビジネスホテルは出張などで利用するお客さまが多いのだから，明るく接するのはもちろんだが，常に丁寧さと迅速な応対を意識すること」と言われている。もしあなたが山上なら，フロントスタッフの応対をどのようにするか。具体的に箇条書きで三つ答えなさい。

10　次は派遣スタッフ内村みのりが派遣先の会社に出勤した初日，社員の前で自己紹介をするときに言おうとしている内容である。それぞれ丁寧な言い方をするとどのようになるか答えなさい。

(1) 今紹介してもらった内村です。
(2) 今日からここに世話になります。
(3) 最初はみんなに迷惑をかけると思います。
(4) 指示してくれればどんなことでもします。
(5) 気軽に言い付けてください。
(6) 気付いた点はいつでも注意してもらえると幸せです。
(7) よろしく頼みます。

(1)	
(2)	
(3)	
(4)	
(5)	
(6)	
(7)	

11 販売店勤務の内藤志穂子は接客研修で講師から，「お客さまに好印象を持ってもらうには，お客さまを褒めることが効果的」と教えられた。そこで内藤は，基本的なお客さまの褒め方について考えてみた。もしあなたならどのような褒め方をするか。箇条書きで三つ答えなさい。

12 美容院スタッフの森好恵は来店した得意客から，「今度の新人さんは接客が苦手なのかしら。愛想がないわね」と言われた。藤川文香のことである。このような場合森は，お客さまに対する接し方についてどのように指導するのがよいか。具体的に箇条書きで三つ答えなさい。

1級／第58回問題
1級／第56回問題
1級／第55回問題
1級／第53回問題
1級／第52回問題

13 ＡＢＣ証券に営業スタッフとして入社した助川光代は，担当になったお客さま（大石様）にあいさつをするため電話を入れたところ留守だった。そこで助川は，担当者としてのあいさつとまた改めて連絡させてもらうというメッセージを留守番電話に残すことにした。この場合の言葉を答えなさい。

14 池島三佳が勤務のアクセサリー専門店では，当分の間マスクを着用してお客さま対応をすることになった。するとスタッフから，「マスクをすると表情が見えないので，明るく感じよく接しているつもりでもお客さまには伝わっていないようだ。どのような接し方をすればよいか」と言われた。このような場合どのように答えればよいか。箇条書きで三つ答えなさい。

Ⅴ　実務技能

15

土産物店のスタッフ秋山京子はお客さまから，「○○はないか。出張で来るたびに買っているが今日は見当たらないようだ」と言われた。その品は季節限定の商品で，今年の入荷はあと10日ほど先になる予定だ。このような場合，秋山はこのお客さまにどのように対応するのがよいか。順を追って箇条書きで答えなさい。

16

峰島宗一が勤務する旅行代理店は，来店のお客さまが快適に旅行の相談ができるようにと，毎月社員全員で店の環境整備をすることになっている。ところが後輩から，「業者が毎日清掃しているのになぜ社員が環境整備を毎月しないといけないのか」と尋ねられた。このような場合，峰島は後輩に環境整備の必要性をどのように答えるのがよいか。箇条書きで三つ答えなさい。

17 中杉京香が勤務するレストランでは，スタッフ研修のため11月10日（木）と11日（金）を臨時休業することにした。そこで中杉は店長から，お客さまに休業を知らせるための掲示文を作るようにと言われた。この場合の適切な掲示文を答えなさい。

（第56回　1級終わり）

サービス接遇検定１級

第55回

試験時間：120分

Ⅰ　サービススタッフの資質

1 化粧品店の美容スタッフ村中穂乃香が店内の商品を整理していると，見覚えのある女性客が入ってきた。先週来店し美容クリームを購入したお客さまである。今日は購入商品がはっきりしていないのか，いろいろな化粧品を手に取っては眺めている。このような場合村中は，この女性に今後顧客になってもらうためにはどのように応対するのがよいか。具体的に箇条書きで三つ答えなさい。

2 馬場浩一が勤務の販売店では，販売した商品の不良について苦情や問い合わせが相次いでいる。内容は商品そのものの不具合でメーカーが対応すべきことだが，お客さまは販売店に言ってくる。ある日スタッフから「うちが悪いわけではないのに苦情の電話を受けるたびに謝らなければならない。販売スタッフとしての仕事に対する意欲がなくなる」と言われた。このような場合馬場は，スタッフにどのように言えばよいか。箇条書きで三つ答えなさい。

Ⅱ　専門知識

3　上野公平が勤務するリゾートホテルの朝食はバイキング形式である。宿泊客の中には，バイキングに不慣れなお客さまや取る料理に迷うお客さまなどもいて列が混雑し，流れがいつも停滞する。このことを改善させるにはどのようにすればよいか。あなたの考えを箇条書きで三つ答えなさい。

4　若山幸太が勤務するスーパーマーケットでは，地域に住む高齢のお客さまサービスとして毎週定期的に車での移動販売を始めた。
販売車が運行する日時や販売場所などはコースを設定したチラシを作り，近隣にポスティングするなどして利用客も定着しつつあるが，いまひとつ集客力に欠ける。この場合の対策としてどのようなことが考えられるか。箇条書きで三つ答えなさい。

5 眼鏡売り場のスタッフ原島紀子は中学生の男子を連れた母親から，「息子の眼鏡を買いたいが初めてなのでフレームの選び方が分からない。どのようにすればよいか教えてもらえないか」と言われた。このような場合，原島はどのようなことをアドバイスすればよいか。箇条書きで三つ答えなさい。

Ⅲ　一般知識

6 次の下線の慣用句の意味を簡潔に説明しなさい。

(1) 今日は 懐が寒い。
(2) あのお客さまは 脈がない。
(3) あそこで 油を売っている のは誰だ。
(4) そんなに値引きすると そろばんが合わない。
(5) いつも買ってくれるから今日は少し 色を付けよう。

（解答記入欄は次のページです）

(1)	
(2)	
(3)	
(4)	
(5)	

7

「サブスク」という言葉について，次のそれぞれに答えなさい。

(1) 正式な言い方を答えなさい。
(2) どのようなことか簡単に説明しなさい。

(1)	
(2)	

Ⅳ　対人技能

8　和菓子店のスタッフ藤島翔太は後輩から，「ショーケースに並んでいる菓子を選ぶとき，最初はどのお客さまもしばらく何も言わずに見ているが，それはなぜか。またそのようなお客さまにスタッフはどのような対応をすればよいか」と相談された。このような場合，藤島はどのように答えるのがよいか。箇条書きで三つ答えなさい。

9　デパートのスタッフ中谷静香は，エスカレーターのそばで三，四歳ぐらいの男の子が泣いているのが目に留まった。そばに困った顔をした男性客がいたので尋ねると，エスカレーターの近くで走り回っていて危ないので注意したところ泣き出したのだという。近くに保護者らしい人はいない。このような場合，中谷はこの男性客と子供・保護者にどのように対応すればよいか。それぞれ箇条書きで二つずつ答えなさい。

(1) そばにいた男性客への対応
(2) 泣いている子供・保護者への対応

(1)	
(2)	

10

貸会議室受付の尾長摩耶は先輩から，「お客さまには丁寧な言葉遣いをすること」と注意された。次は普段の尾長の言葉遣いである。これをお客さまに言う丁寧な言葉遣いに直しなさい。

(1) 予約を希望ですか。
(2) どんなことに使いますか。
(3) 日にちは決まってますか。
(4) 残念ですがその日は空いていません。
(5) レイアウトはどうしますか。
(6) 室内での飲食は禁止しています。
(7) 悪いけど，ここでは受けてません。

(1)	
(2)	
(3)	
(4)	
(5)	
(6)	
(7)	

11 レストラン勤務の山岸静子は後輩に，「あなたの応対は丁寧でそつがないが，お客さまが気軽に声をかけにくい雰囲気がある。もう少し親しみやすさを出すように」と言ったところ，具体的に教えてもらいたいと言われた。このような場合山岸は，後輩にどのように指導すればよいか。箇条書きで三つ答えなさい。

12 田代菜々美は日本料理店に勤務している。ある日個室利用の子供連れのお客さまが，「子供が置物を壊してしまった」と慌てて田代のところへ言ってきた。行ってみると飾り棚にあった置物が落ちて割れており，そばで叱られたらしい子供が泣いている。このような場合田代は，お客さまにどのように言うのがよいか。そのときの言葉を答えなさい。

13 小柳由美が勤務の歯科医院は予約が原則の医院である。ある日小柳は受付担当の新人に，「来院する患者さんや電話で予約する患者さんを受け付けるときは，患者さんの身になった対応をすること」と話したところ，例えばどのようにすることかと尋ねられた。このような場合小柳は，どのように答えればよいか。箇条書きで三つ答えなさい。

14 観光ホテルのフロントスタッフ安藤伸介は，今夜宿泊予定の家族客から，「チェックインの時間にはまだ早いが，これから近くを観光してくるので荷物だけ預かってほしい」と言われた。このような場合安藤は，荷物を預かった後お客さまへの気遣いとしてどのように応対するのがよいか。箇条書きで三つ答えなさい。

V 実務技能

15 ギフトショップに勤務の馬目玲子は，贈答品の上書きについてお客さまから尋ねられることが多い。次はその例だが，それぞれの上書きとそのとき記入する名前について答えなさい。

(1) 出産祝いの返礼
(2) 病気見舞いの返礼
(3) 88歳の長寿祝い

	上書き（表書き）	記入する名前
(1)		
(2)		
(3)		

16 ネクタイ売り場スタッフの前島みどりは，商品を購入したお客さまにレシートと釣り銭をトレーに入れて差し出したところ，「客に対して失礼な対応だ。きちんと手渡しするのが本来ではないか」と言われた。前島の店では近年社会をにぎわしている感染症の予防対策として接客時のガイドラインを作り，会計時の金銭授受は手渡ししないことになっているが，お客さまは知らないようだ。このような場合，このお客さまへの対応と，今後のお客さま対応をどのようにするのがよいか。箇条書きで三つ答えなさい。

17 洋菓子店のスタッフ西田あかりはお客さまから，「一番右側のイチゴのバースデーケーキを下さい」と言われた。その後西田は注文のケーキを包装して「ありがとうございます。○○円頂戴いたします」と言って商品を差し出すと，お客さまから「えっ，もう包んじゃったの？」と不満げに言われた。この場合西田は，お客さまにどのような対応をすればよかったか。順を追って箇条書きで答えなさい。

（第55回　1級終わり）

サービス接遇検定１級

第53回

試験時間：120分

Ⅰ　サービススタッフの資質

1 生命保険会社の営業部主任橋川恵一は新人研修で，「契約の説明などでお客さま宅を訪問するときは，よい印象を持ってもらえるような訪問を心がけること」と指導したところ，「具体的にはどのようにすればよいか」と尋ねられた。この場合橋川はどのように答えればよいか。箇条書きで三つ答えなさい。

2 ホテルのスタッフ長田亜紀子は後輩に，「披露宴など祝い事で利用のお客さまにテーブルサービスをするときは，雰囲気に合った振る舞いをすること」と話したところ，具体的にはどのようにすればよいかと聞かれた。このような場合長田はどのように答えればよいか。箇条書きで三つ答えなさい。

Ⅱ　専門知識

3　高級レストランのフロアチーフ水野弘江はスタッフに，「数多くあるレストランの中からお客さまがまた行きたい店と思うのは，料理もサービスも満足できる店である。それにはわれわれスタッフがお客さまの立場で考えるお客さま目線を持つことが必要である」と言ったところ，なぜお客さま目線が必要なのかと言われた。このことに水野はどのように答えればよいか。箇条書きで三つ答えなさい。

4　旅行社のスタッフ高田省一は後輩指導の中で，「１泊２日の日程で温泉旅行をしたいのでプランを考えてもらいたいというお客さまが来店したら，どのような対応をするか」と問いかけた。あなたならどのような対応をして，このお客さまが満足できる商品を提供するか。箇条書きで三つ答えなさい。

5　コーヒーショップのスタッフ畠山早苗は新人研修で，「接客応対はマニュアル通りにするとよい」と話したところ，「なぜマニュアル通りにするとよいのか」と質問された。このような場合畠山は，どのように答えるのがよいか。箇条書きで三つ答えなさい。

Ⅲ　一般知識

6　次の言葉を簡単に説明しなさい。

(1) 鯖（さば）を読む
(2) 味噌（みそ）を付ける
(3) 箸（はし）休め

（解答記入欄は次のページです）

(1)	
(2)	
(3)	

7　「雇用調整助成金」という用語を簡単に説明しなさい。

Ⅳ　対人技能

8　婦人服売り場のスタッフ藤村百花は後輩に，「お客さまに品物を薦めるときは，お客さまを褒めるとよい関係ができて薦めやすくなる」と話したところ，（1）褒めるとよい関係ができて薦めやすくなるのはなぜか。また（2）具体的にはどのような褒め方をするのがよいかと質問された。このことに藤村が答えるとしたらどのように言うのがよいか。それぞれ箇条書きで二つずつ答えなさい。

(1)褒めるとよい関係ができて薦めやすくなるのはなぜか。

(2)具体的にはどのような褒め方をするのがよいか。

(1)	
(2)	

9　老人福祉施設に勤務している飯倉紀雄は新人から，「利用者と良好な関係になるには信頼してもらえることが必要だと思うが，そのためにはどのようにすればよいか教えてもらいたい」と言われた。飯倉はこのことにどのように答えればよいか。具体的なことを箇条書きで三つ答えなさい。

10　ホテルの受付を担当している姫川ゆりえは新人に，次のお客さま応対時の言い方を指導することになった。それぞれ丁寧な言い方に直しなさい。

(1) よく来てくれました。
(2) 名前を聞いてもいいですか。
(3) 今確認するのでちょっと待ってください。
(4) １泊の予約をもらっています。
(5) 料金は先払いだがよいか。
(6) 現金とクレジットのどっちですか。
(7) 領収書はどうするか。

（解答記入欄は次のページです）

(1)	
(2)	
(3)	
(4)	
(5)	
(6)	
(7)	

11　和田翔太が勤務のレストランは食材にこだわりのあるレストランとして人気があり，時間帯によってはお客さまに席が空くのを待ってもらうことがある。このことから和田は，「お客さまにいらいらすることなく待ってもらうには，どのようなお客さま対応が必要か」を考えることにした。もしあなたならどのように考えるか。具体的に箇条書きで三つ答えなさい。

12　美容院のスタッフ林かなえはいつも担当する得意客から，「ヘアスタイルを変えてみようと思うけどお願いできるかしら」と言われた。このような場合林は，このお客さまにどのように対応するのがよいか。順を追って箇条書きで答えなさい。

13

次は，販売店などでよく使われている言い方だが適切な言い方ではない。答案用紙のそれぞれに①適切でない部分に下線を引き，②適切な言い方に直し，③適切でない理由を答えなさい。

(1)「大変お待たせ申し上げました」
(2)「レシートのお返しでございます」
(3)「お名前さまを頂戴できますでしょうか」

(1)	①大変お待たせ申し上げました ② ③
(2)	①レシートのお返しでございます ② ③
(3)	①お名前さまを頂戴できますでしょうか ② ③

14 和菓子専門店のスタッフ上田君枝は後輩に，「お客さま応対を丁寧にすることは商品のイメージをよくすることにつながる」と言ったところ，具体的にはどのようにすることが必要かと聞かれた。このことに上田が答えるとしたらどのように答えるのがよいか。箇条書きで三つ答えなさい。

V　実務技能

15 青山一樹が店長をしている家電量販店は，販売スタッフが若く経験が浅いこともあり，お客さまの苦情にうまく対応できないスタッフが多い。そのためそれがまた苦情になったりするので，青山はスタッフに「苦情の受け方の基本」を指導することにした。この場合どのようなことを指導すればよいか。箇条書きで三つ答えなさい。

16

島本京一が勤務の雑貨店は，扱っている商品が多いため万引きも多い。ある日店長から，「スタッフの接客対応で万引き防止ができないか考えてもらいたい」と言われた。そこで島本たちは，店内の万引き防止を目的としたお客さま対応について話し合うことにした。あなたなら，どのような対応の仕方を考えるか。具体的に箇条書きで三つ答えなさい。

17

葬儀社に勤務の羽村みなみは先輩から，次の用語は仕事上必要なので覚えるようにと言われた。それぞれどのようなことか簡単に説明しなさい。

(1)　喪主
(2)　会葬
(3)　弔辞
(4)　遺族
(5)　喪中

（解答記入欄は次のページです）

V　実務技能

(1)	
(2)	
(3)	
(4)	
(5)	

（第53回　1級終わり）

サービス接遇検定１級

第52回

試験時間：120分

Ⅰ　サービススタッフの資質

1 病院勤務の小出優奈は受付スタッフの接遇研修で，「患者さんたちの気持ちを和ませるためには，受付スタッフは笑顔で明るい雰囲気で接することが必要だ」と言ったところ，「私たちはマスクをしているので患者さんには表情が分からない。明るい雰囲気は伝わりにくいのではないか」と言われた。あなたなら，この質問に対してどのように答えるか。具体的に箇条書きで三つ答えなさい。

2 旅行社に勤務の砂田佐和子は，団体旅行の添乗員としてお客さまに同行することになった。そのとき先輩から，「お客さまには明るく接し，気遣いのある対応を心がけること」と言われた。この場合砂田は，添乗員としてお客さまにどのように対応することが必要か。具体的に箇条書きで三つ答えなさい。

Ⅱ　専門知識

3

駅前のコンビニエンスストアに勤務の関根順平は，最近近くにオープンした薬膳レストランの場所が分かりにくいらしく，行き方を聞きに立ち寄るお客さまの対応をすることが多い。関根は教えることはコンビニのサービスとも考えているが，レジが混雑しているときは時間が取れない。このような場合，効率的な教え方としてどのような方法が考えられるか。箇条書きで三つ答えなさい。

4

リゾートホテルのフロントスタッフ五十嵐航平は後輩から，「最近スタッフの対応について苦情の電話が多く，その対応に時間を取られる。そのため目の前のお客さま対応に十分な時間が取れないので，ホテルの質が下がるのではないかと心配だ」と言われた。このとき五十嵐は後輩に，苦情対応をすることは結果としてホテルの質を上げることにつながるという指導をしようと考えたが，具体的にはどのように言えばよいか。箇条書きで三つ答えなさい。

5 デパートの特設ギフト売り場の増田和美はお客さまから，「仕事で付き合いのある会社に菓子を贈りたいと考えているが，相手に好印象を与える品物を選ぶには，どのようなことを意識すればよいか教えてもらいたい」と言われた。このような場合，増田はお客さまにどのようなことをアドバイスするのがよいか。箇条書きで三つ答えなさい。

Ⅲ　一般知識

6 ホテルの宴会係徳山亮介はお客さまから宴会の相談を受けるとき，立食形式で行うパーティーの利点について尋ねられることが多い。あなたが徳山だとしたらどのようなことを答えるか。箇条書きで三つ答えなさい。

7 次の用語を簡単に説明しなさい。

(1) 棚卸し
(2) 粗利益
(3) 付加価値

(1)	
(2)	
(3)	

Ⅳ　対人技能

8 美容室勤務の須藤百花は新人に，「お客さまは長時間美容室にいるのだから，居心地がよいと感じてもらうことは再来店につながる大きな要素だ。それには施術だけでなく待ち時間の過ごし方にも気を配らないといけない」と言ったところ，具体的にはどのようにすればよいかと尋ねられた。このことに須藤はどのように答えることが必要か。箇条書きで三つ答えなさい。

9　レストラン勤務の柴田健人はお客さまから，「お宅はスタッフ教育をしているのか」と言われた。どうやら今までサービスを担当していた新人の小池ミカのことらしいが，「案内や料理の提供など全てにおいて，お客さまにサービスしようという気持ちが感じられない」ということだった。柴田はわびてきちんと指導し直すと言って納得してもらったが，この場合柴田は小池にどのような指導をすればよいか。箇条書きで三つ答えなさい。

10　福祉センターのスタッフ原口美恵子は主任から，「利用者に対する話し方は，親しみを込めたつもりでも相手は気分を害することもあるので丁寧にすること」と言われた。次の言い方を丁寧な言い方に直しなさい。

(1) 元気だったか。
(2) 朝ご飯は食べたか。
(3) 自分でしてみるか。
(4) 手を貸そうか。
(5) 少し体を動かそうか。
(6) 疲れたか。
(7) 今日は家族は来るか。

（解答記入欄は次のページです）

(1)	
(2)	
(3)	
(4)	
(5)	
(6)	
(7)	

11 クリニック勤務の井元加奈子は受付スタッフの指導で，「来院する患者さんは病状も年齢もさまざまだから，思いやりのある対応をすること」と話したところ，具体的にはどのようにすることが必要かと聞かれた。このような場合，井元はスタッフにどのように答えることが必要か。箇条書きで三つ答えなさい。

12 ホテルのスタッフ谷川敏彦は後輩たちに，お客さまに対する言葉遣いはお客さまの気持ちを配慮した言い方をすることと指導したところ，次のような場合はどのように言うのがよいかと質問された。次の「　　」内はどのように言うのがよいか，答えなさい。

(1) 明日は朝が早いので心配というお客さまに，「よければモーニングコールをしようか」と言うとき。

(2) 近くにイタリア料理の店はないかと尋ねられ，「こちらでは分からない。悪いが○○で聞いてもらえないか」と言うとき。

(3) チェックアウトのときに，隣室の客がうるさかったと言われ，「連絡をくれれば対応したのに。不愉快なことですみませんでした」と言うとき。

(1)	
(2)	
(3)	

13 高級料理店のお客さまサービス係坂本美佳は得意客Aから，「取引先のお客さまを連れて行くので，そつのない接待をお願いしたい」と言われた。この「そつのない接待」とはどのようにすることだと思うか。考えられることを箇条書きで三つ答えなさい。

14 ブラウス売り場のスタッフ布川みずほがスーツに合わせてブラウスを選びたいというお客さまに対応していると，隣でブラウスを見ていたお客さまから「すみません」と声をかけられた。この場合布川は，対応中のお客さまと声をかけてきたお客さまにどのように対応することが必要か。順を追って箇条書きで答えなさい。

V　実務技能

15 旅行代理店のスタッフ馬場静香は新人に，「お客さまが快適な環境で旅行の相談ができるように，整った店内とリラックスできる雰囲気の環境整備を心がけること」と言ったところ，具体的なことを指導してもらいたいと言われた。この場合馬場はどのようなことを指導すればよいか。箇条書きで三つ答えなさい。

16 贈答品売り場の受付カウンター熊田進一がお客さま対応中，既に受け付けを済ませたお客さまが，「頼んだ商品に間違いがある」と言って伝票を出して割り込んできた。熊田は今お客さまに対応中なので，「申し訳ございません。お待ちいただけますか」とお願いしたところ，お客さまから「そちらの間違いなのになぜ待たないといけないの」と怒って言われた。カウンターの後ろには順番を待っているお客さまが数人並んでいる。このような場合熊田は，この場をどのように対処するのがよいか。順を追って箇条書きで答えなさい。

17 ビジネスホテルのフロントスタッフ川野辺俊一は宿泊中のお客さまから内線電話で，近くにドラッグストアがあるかと聞かれた。
場所を伝えながら理由を尋ねると，風邪をひいて熱があるので薬を買いに行こうと思うと言う。このような場合川野辺は，お客さまに対してどのように対応すればよいか。箇条書きで三つ答えなさい。

（第52回　1級終わり）

面接試験の実際

準1級・1級

準1級

面接試験の手順

控室に入る

空いている席に座り，番号札を左胸に着けて静かに待ちます。また，受付で渡された資料で，試験の進行内容を確認します。

↓

面接室に入る

係員の案内で貴重品を持って入室。係員の指示に従って審査員に近い椅子から面接番号順に着席します。

↓

課題1「基本言動」

番号を呼ばれたら「あいさつ」と「基本言動」と書いてある審査員の前に行き，あいさつをし，パネルで提示された課題を「言葉と動作」で表現します。

↓

課題2「接客応答」

次に「接客応答」と書いてある審査員の前に移動し，パネルで提示された課題を「言葉と言い方」で表現します。

↓

課題3「接客対応」

次に「接客対応」と書いてある審査員の前に移動し，審査員をお客さまに見立てて，模擬接客対応（「言葉・言い方・動作」）をします。

↓

退室する

試験が終わったら，席に戻らず荷物を持って速やかに退出します。

■試験は，3人一組で行い，所要時間は一組10分です。

■試験は，ロールプレーイング（自分がその当人になったつもりで演技する）です。

■質問はできません。

■合否の結果は，面接試験日の約3週間後に，通知されます。

面接室内略図

■印は受験者の座る椅子
●印は審査員

×印はロールプレーイングを
　行う位置
→印は進む順

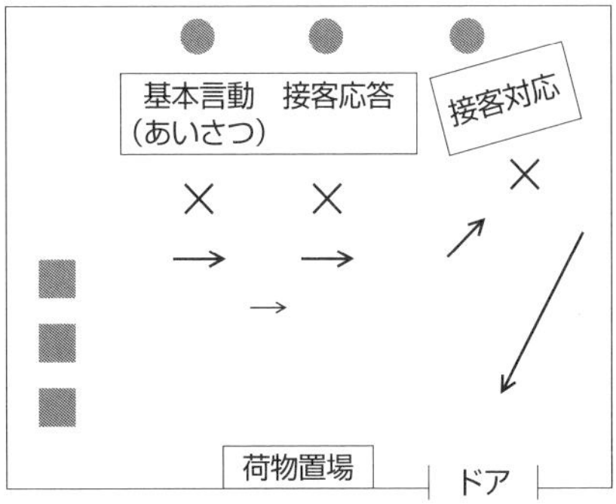

＊ドアや荷物置場の位置は異なる場合があります。

審査の基準

準１級の面接試験では，１級の面接試験に準ずるレベルで，出された課題に対してどのように対応するか，その対応がサービス接遇者としてふさわしい話し方・言葉遣い・物腰であるかどうかが審査されます。

審査の対象となる課題は，①基本言動　②接客応答　③接客対応　の三つです。これらの課題をクリアしていく中で，次の事項が具体的にチェックされます。

（審査のポイント）

「愛想のある態度（雰囲気）が，普通以上である」

①親 近 感　＝　態度や言い方など全体の印象に親しみを感じる。
②愛（あい）　嬌（きょう）　＝　表情や所作に人に好感を与えるものがある。
③表　　情　＝　人を和ませる表情（笑み，親しみが顔に表れている）
④振る舞い　＝　接遇の動作に信頼できるものが感じられる。
⑤言 い 方　＝　言い方に明るさと丁寧さが感じられる。
⑥物　　腰　＝　人に接する態度に謙虚さが感じられる。

審査内容をここでは分けて説明していますが，実際にはそれぞれ複合しています。従って合格の判定は，１級に準ずるレベルで，この人は審査事項に照らして総合的に一般の人よりレベルが高いかどうかで行われます。

課題（ロールプレーイング）

1．基本言動

①課題がパネルで提示されます。（一人 4 課題）

②提示された課題を，接客応対の基本として言葉・動作で行ってください。

Ⅰ〈パネル〉

　お客さまを迎えるときに言う「いらっしゃいませ」の言葉と態度（お辞儀）を審査員に示しなさい。

Ⅰ〈言動例〉

　お客さま（審査員）に対して「いらっしゃいませ」と言って，お客さまを迎えるときのお辞儀をする。

Ⅱ〈パネル〉

　お客さまが帰るときに言う「ありがとうございました」の言葉と態度（お辞儀）を審査員に示しなさい。

Ⅱ〈言動例〉

　お客さま（審査員）に対して「ありがとうございました」と言って，お客さまが帰るときのお辞儀をする。

Ⅲ〈パネル〉

　お客さまに言う「はい，承知いたしました」の言葉と態度を審査員に示しなさい。

Ⅲ〈言動例〉

　お客さま（審査員）に対して「はい，承知いたしました」と言って，お辞儀をするなどのしぐさをする。

Ⅳ〈パネル〉

お客さまに品物を見せて,「いかがでございますか」と尋ねるときの言葉と態度を審査員に示しなさい。

Ⅳ〈言動例〉

両手に品物を載せ,お客さま(審査員)に見せるしぐさをして,「いかがでございますか」と,お客さま応対のときの言い方で尋ねる。

2. 接客応答

①課題がパネルで提示されます。(一人2課題)
②提示された課題を,接客応対のときの「言葉と言い方」で答えてください。

以下　受験者A,B,Cへの例

A〈パネル1〉　こちらの課題をそのまま言って下さい。

「お客さま,お忘れ物でございますが」

A〈応答例〉

「お客さま,お忘れ物でございますが」とそのまま愛想よく言う。

A〈パネル2〉　こちらの課題を丁寧な言葉に直して言って下さい。

「案内するのでこっちへどうぞ」

A〈応答例〉

「ご案内いたしますので,こちらへどうぞ」などと,丁寧な言葉に直して愛想よく言う。

B〈パネル 1〉　こちらの課題をそのまま言って下さい。

「お客さま，お荷物をお預かりいたします」

B〈応答例〉

「お客さま，お荷物をお預かりいたします」とそのまま愛想よく言う。

B〈パネル 2〉　こちらの課題を丁寧な言葉に直して言って下さい。

「注文は決まったか」

B〈応答例〉

「ご注文は，お決まりになりましたでしょうか」などと，丁寧な言葉に直して愛想よく言う。

C〈パネル 1〉　こちらの課題をそのまま言って下さい。

「どうぞご自由にお持ちくださいませ」

C〈応答例〉

「どうぞご自由にお持ちくださいませ」とそのまま愛想よく言う。

C〈パネル 2〉　こちらの課題を丁寧な言葉に直して言って下さい。

「この品物でいいか」

C〈応答例〉

「こちらのお品物でよろしいでしょうか」などと，丁寧な言葉に直して愛想よく言う。

３．接客対応

①あなたは「販売スタッフ」です。
②審査員が「客」になります。
③「販売スタッフ」として「お客さま」に対応してください。

〔例〕台に野菜が並んでいる。

「受験者」＝「いらっしゃいませ」「今日は何がよろしいでしょうか」
「審査員」＝「お勧めは何かしら」
「受験者」＝「今日は○○です。新鮮ですよ」
「審査員」＝「じゃ三つください」
「受験者」＝「三つでございますね，ありがとうございます。少々お待ちください」
「受験者」＝「お待たせしました。○○円でございます」（のように言って，お客さまに商品を渡す）
「受験者」＝「ありがとうございました。また，よろしくお願いします」

（準1級　終わり）

1級

面接試験の手順

控室に入る

空いている席に座り，番号札を左胸に着けて静かに待ちます。また，受付で渡された資料で，試験の進行内容を確認します。

↓

課題を受け取る

試験の直前になると「テレセールス（模擬電話応答）」と「セールストーク（模擬対面販売）」の課題が渡され，指定された場所で3分間で覚えます。内容を覚えるためにメモを取るのは構いませんが，そのメモ用紙を面接室に持ち込むことはできません。

↓

面接室に入る

係員の案内で面接番号順に貴重品の荷物を持って入室します。荷物を所定の場所に置いたら面接室の中央に進み，二人そろってから審査員に向かって面接番号と氏名を言います。面接の進め方は審査員の指示に従ってください。

↓

課題 1「テレセールス」

審査員の指示に従って，面接番号の若い方から模擬電話応答をします。

↓

課題 2「セールストーク」

審査員の指示に従って，面接番号の若い方から模擬対面販売をします。

↓

退室する

試験が終わったら荷物を持って退室し，番号札を受付に返してから，帰ります。

■面接試験の課題は，「テレセールス」と「セールストーク」です。
■試験は，二人一組で行い，所要時間は一組 11 分程度です。
■試験は，ロールプレーイングで行います。
■面接室に入る前，3 分間で課題を覚えてください。

面接室内略図

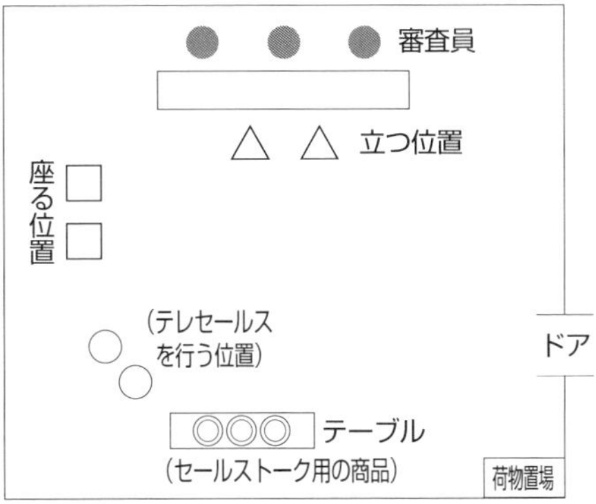

＊ドアや荷物置場の位置は異なる場合があります。

審査の基準

1 級の面接試験では，出された課題に対してどのように対応するか，その対応が，サービス接遇者に必要な，ふさわしい話し方・言葉遣い・物腰であるかどうかが審査されます。

審査の対象となる①テレセールス，②セールストークの二つの課題は，次の事項が具体的にチェックされます。

（審査のポイント）

1)「愛想のある態度（雰囲気）が，普通を超えている」
　a．親近感がある。　b．愛嬌（あいきょう）が感じられる。
　c．顔の表情が柔らかい。　d．言い方(話し方)が明るく丁寧である。
　e．腰が低い・振る舞いが適切。
2)「1 級合格者として，サービスの場に適応するサービス技能である」
　a．即応力がある。　b．表現力がある。
　c．説得力がある。

課題（ロールプレーイング）例

1．テレセールス（模擬電話応答）（1～2分）

1. 以下の課題に従って，かかってきた模擬電話に，サービス担当者の立場で適切な電話応答をしてください。
2. 言葉遣いなどは課題と同じである必要はなく，大まかで構いません。

客　：「もしもし」

受験者：「毎度ありがとうございます。ＡＢＣ電器店でございます」

客　：「ちょっとお聞きしたいんですが」

受験者：「はい，何でございましょうか」

客　：「自由に持ち運べる小型の冷蔵庫があると聞いたんですが，そういうものがあるんですか」

受験者：「はい，ございますよ。『どこでも冷蔵くん』のことですね」

客　：「それは，どのようなものなんですか」

受験者：「アウトドアやドライブのときはもちろん，２台目の冷蔵庫として，普段使いもできると大変人気の商品です」

客　：「それはいいですね。買い物をしすぎて，食材が冷蔵庫に入らなくて困ったなんてこともなくなりますね」

受験者：「おっしゃる通りでございます。冷凍機能にも切り替え可能で，10分で急速冷凍もできるんです。ぜひご来店いただき，ご覧くださいませ」

★答え方により展開が違ってしまっても，構いません。

2. セールストーク（模擬対面販売）（1～2分）

＊受験者が，面接室に用意してある物（スカーフ，ネクタイ，カーディガン，スカート）を販売商品に例えて，セールストークにより推奨し，模擬対面販売をする。

［スカーフの場合の例］

客　：「こんにちは」
受験者：「いらっしゃいませ」
客　：「何かお薦めのものはありますか」
受験者：「そうですね，こちらのスカーフはいかがでしょう」
客　：「スカーフですか」
受験者：「はい，どうぞお手に取ってご覧いただけますか。シルクですので，柔らかく風合いもよく，とても軽いですよね」
客　：「そうね，軽いわね，これならスーツの中に着けても気にならないわね」
受験者：「はい，お色が鮮やかですので，お客さまが今お召しのスーツにとてもお似合いになると思いますよ。どうぞそちらの鏡でご覧になってくださいませ」
客　：「そうね，よさそうね」

注）＊推奨の内容（物・対象・言葉）は審査の対象としません。

（1級　終わり）

サービス接遇検定 1-2級実問題集（第52回～第58回）

2023年9月10日　初版発行

編　者　公益財団法人 実務技能検定協会ⓒ
発行者　笹森 哲夫
発行所　早稲田教育出版
〒169-0075　東京都新宿区高田馬場一丁目4番15号
株式会社早稲田ビジネスサービス
https://www.waseda.gr.jp/
電話：(03) 3209-6201

サービス接遇検定

実問題集

1-2級

第52回～第58回

解答・解説編

（記述問題は解答例となります）

サービス接遇検定

解答・解説

（第52回～第58回）

2級

2級　第58回　解答・解説

理論　Ⅰ　サービススタッフの資質

1. **(3)**

　このような場合の注意は当人だけに伝えればよく，他の人には分からないようにするもの。人前での注意はその人の体面を傷つけるだけでなく，周りの人にも不快な思いをさせることになる。親しみを持ってもらう応対とは言えず不適当ということである。

2. **(5)**

　症状を訴えているのだから，つらさに同情したり，待たせることをわびるなどがこの場合の接し方。我慢して待っているのは皆同じだとしても，皆同じと言うのはその患者さんの気持ちを酌んだことにはならず，思いやった接し方とはいえないので不適当である。

3. **(4)**

　道が混んでいて失敗したと残念がるお客さまに，この時期はそうかもしれないと同調してはさらに気分を害することになるので不適当。この場合「その分温泉を満喫してくださいね」など，沈んだお客さまの気持ちを癒やすような言い方をするのが愛想である。

4. **(5)**

　少人数で何種類もの料理を一度に注文したのは，それぞれの料理を少しずつ取り分けて楽しみたいからであろう。一品ずつ出せば出来たてをおいしく食べられるかもしれない。が，それではお客さまの気持ちを無視した出し方になるので不適当ということである。

5. **(4)**

　今の髪形が似合っているとしても，お客さまは髪形を変えたいのである。とすれば，その希望に応じるのがスタッフの役割。変えなくてもよいと言うなどは，お客さまの気持ちを考えない対応なので不適当である。

理論　Ⅱ 専門知識

6. **(4)**

「ディスカウント」とは割引のことである。

7. **(3)**

マニュアルは応対の基本だから，基本は守らないといけない。ということは，頼りにしなければならないものである。従って，参考にする程度でよいなどは，指導内容が矛盾していて不適当ということである。

8. **(2)**

品物を提案するためにお客さまと会話をするのは品選びの手掛かりにするため。仕事内容は手掛かりになることもあるが，それは贈り先である。贈り主の仕事内容が分かっても手掛かりにならないので不適当ということである。

9. **(5)**

お客さまはそれぞれ予定を立ててホテルに宿泊している。朝食時間を遅らせるお願いをすれば，その後の行動にも影響するかもしれない。開場直後の混雑はホテル側で改善すべきこと。お客さまにお願いするなどは不適当ということである。

理論　Ⅲ 一般知識

10. **(3)**

その他の選択肢の正しい年齢の組み合わせは，古希－70歳，喜寿－77歳，卒寿－90歳，白寿－99歳である。

11. **(2)**

実技　Ⅳ 対人技能

12. **(3)**

おいしいパフェがあると聞き来店してくれたのだから，この場合はパフェが出てくるまでにさらに期待を膨らませるような愛想を言うのがよい。「お口が肥えた」はお客さまの味覚を評価した上から目線の言い方で，店側が言うことではないので不適当である。

13. **(3)**

進物にしたいと言って相談してきたということは，改まった形式で贈るということ。進物は一般的に，贈る相手のことを考慮して贈る側が決めるもの。贈り先の好みを確認してあるか尋ねるなどはこの場合の応対として不適当ということである。

14. **(4)**

(4)が適当。なお，他の選択肢は，(1)「お伺い」→「お尋ね」，(2)「大丈夫」→「よろしい」，(3)「販売なさって」→「販売いたして」，(5)「どのようにいたします」→「どのようになさいます」などになる。

15. **(5)**

お客さまを買う気にさせるのがセールストーク。クールビズとはいかない外出先があるというお客さまであれば，「通気性のよい物がありますよ」などと薦めればよい。仕事だから我慢だなどはお客さまを諭すような言い方なので不適当である。

16. **(3)**

予約時間までには間に合うのである。であれば，予約時間まで多少待ってもらうのは仕方がないことで，待たせることに気遣った言い方をすればよい。どちらも大切なお客さま，辛抱してもらいたいなどは，筋違いな言い方ということである。

実技　Ⅴ　実務技能

17. **(2)**

明日必要なのに仕上がり日が明日だった。確認しなかったお客さまに多少落ち度があるとしても，困っているのだから何とか手だてを講ずるのがスタッフの仕事。注意して見てもらいたいと非難するような言い方は不適当である。

18. **(4)**

お客さまに快適に利用してもらうためには，ゴミがあふれるほど入っていたら片付けるのがスタッフの仕事。隣にもう一つゴミ箱を置いてそこに入れてもらうなどは，仕事の仕方が違っているので不適当である。

19. **(1)**

結び切りは，繰り返さない方がよいとされている事柄に使用する水引で，結婚の祝いや弔事などで使う結び方である。家の新築は，一生に一度とは限らず何度あってもよいこと。従ってこの場合は，「ちょう結び」がよいということである。

20. **(2)**

このような場合の受け答えは，遺族の悲しみを思いやり笑顔は控え，声は小さめにしてしめやかな感じでするのがよい。葬儀の場で明るく元気な話し方は場にそぐわないので不適当ということである。

記述問題

実技　Ⅳ　対人技能

21. [解答例]

(1) お客さまのお席は奥でございますので，こちらをお通りくださいませ。

(2) お手数でございますが，お荷物はクロークにお預けくださいませんでしょうか。

22. [解答例]

(1) 承知いたしました。二つ追加になりましたので，合計生ビール四つということでございますね。

(2) 承知いたしました。それではご注文はオムライスを一つ，ポークソテーセットを一つ，ミックスフライセットを二つということでよろしいでしょうか。

実技　V　実務技能

23. [解答例]

> お客さま各位
>
> 臨時休館日のお知らせ
>
> 当館は，設備点検のため以下の期日を臨時休館日といたします。お客さまにはご不便をおかけいたしますが，ご了承のほどお願い申し上げます。
>
> 期日　6月22日（木）
>
> ＡＢＣ水族館

24. [解答例]

①（男性客が不愉快そうな表情をしているのはなぜか）

カウンターで記入できない状態なのに宿泊カードを渡そうとし，チェックインのお客さまを気遣っていないから。

②（西沢はどのようにすることが必要か）

資料を見ているお客さまに少しずれていただくことをお願いし，カウンター上で記入できる状態にして，男性客に宿泊カードの記入をお願いするようにするのがよい。

（第58回　2級終わり）

2級　第57回　解答・解説

理論　I　サービススタッフの資質

1. **(2)**

西山にとってどの乗客もお客さまである。また，乗客は通路を自由に行き来できる。そのような条件の下で販売をしているのだから，通路を通る乗客が来たならワゴンを寄せて通ってもらえばよい。販売が終わるまで待ってもらうなどは不適当ということである。

2. **(5)**

気安いと感じられる応対をすれば，お客さまは商品について気軽に尋ねてくれるのはその通り。が，スタッフはどのような場合でも常にお客さまへ気を使わなければならないもの。気を使わず売ることに集中できるなどはあり得ないので考えたこととして不適当である。

3. **(5)**

従業員は得意客と面識があるので，親身になっての接待はしやすいもの。むろん派遣スタッフも親身な接待はできないことはないが，従業員以上ということには無理がある。従って，(5)の指導は不適当ということである。

4. **(1)**

お客さまが気に入る品を選ぶのにあちらこちらの店を見て回るのは普通のことだから，それらを気軽に織り込んで店の服の特色を話題にするなどはあろう。が，見て回ることの利点を尋ねるなどは話題として露骨で愛想とは言えないので不適当である。

5. **(2)**

検査の前は患者さんは不安な気持ちになっているであろう。このようなときは，とりとめのないことを話すなどして，患者さんの気が紛れるような接し方をするのがスタッフの役割。何も言わずに案内するなどは不適当ということである。

理論　Ⅱ　専門知識

6.　**(2)**

土産物を幾つも抱えていたら，購入品と合わせて他の店で買った品も一つにまとめようかと言うことはあろう。が，宅配便はお客さまによっては不要な場合もある。送ろうかと尋ねることと教えるのは不適当ということである。

7.　**(4)**

お客さまがその品を希望するにはそれなりの理由がある。それを，安い類似品を紹介するのはよいとしても品質は同じだと薦めるなどは，お客さまの気持ちを考えた対応ではない。従って，身近な店として親しまれることにつながらず不適当ということである。

8.　**(2)**

お客さまの立場としては，わざわざ質問をしなくても知りたいことが分かるようになっていた方がよい。質問されたら渡すというのは受け身のサービスで，お客さまのことを考えたサービスではないので不適当ということである。

9.　**(1)**

任せると言うのだから，雰囲気を見て選ぶのはよい。が，お客さまに好みが全くないわけではないのだから，幾つか選んだ中から，最終的にはお客さまに選んでもらうのがよいことになる。これがよいと決めてしまうのは，お客さまのことを考えた対応ではないということである。

理論　Ⅲ　一般知識

10.　**(5)**

「首が回らない」とは，借金などで支払う金が多く，やりくりがつかないことである。

2級／第58回 解答解説
2級／第57回 解答解説
2級／第56回 解答解説
2級／第55回 解答解説
2級／第54回 解答解説
2級／第53回 解答解説
2級／第52回 解答解説

11. **(1)**

「気遣い」とは，相手のことを思って何事も行ってあげること。「気を引く」は相手の関心をこちらに向けさせることだから，意味が違うということである。

実技　Ⅳ 対人技能

12. **(1)**

お客さまは残すことに気がとがめて謝ったのである。このような場合は，お客さまの気持ちを考えて同調した言い方で対応するのが適当ということである。

13. **(2)**

説明書は使用法が記載されているが，読めば分かる人も，そうでない人もいる。お客さまが分からないと言うなら，販売店としては説明書が不十分だという立場に立たないといけない。お客さまに理解する努力が必要と言うのは，立場が逆であり不適当である。

14. **(2)**

「伺っていただけますか」はお客さまが尋ねることに対して「伺う」と謙譲語を使っているので不適当。この場合は，「お尋ねいただけますか」などと言うのが適切である。

15. **(5)**

家族なら，本人に聞くとか見た状態で病気の様子が分かる。その家族が来たのだから「ご容体はいかがですか」の一言が愛想になる。それを症状は本人しか分からないので経過は尋ねないなどは不適当である。

16. **(3)**

三つの観光コースから選んでもらうことをお客さまに口頭で言うのである。より分かりやすく丁寧な言い方となると，(3)が適当になる。

実技　Ⅴ 実務技能

17. **(4)**

お客さまが求めているのはZ化粧品である。それなのに，近々よさそうな新製品が入るから寄ってみてもらえないかでは，Z化粧品を求めるお客さまに対応しているとはいえないので不適当である。

18. **(3)**

このような場合のお客さまサービスとは，荷物の保管と引き渡しを確実に行うことである。当日資料を配布するのも荷ほどきをするのもお客さまがすることで，ホテル側がしてよいことではない。お客さまサービスをはき違えた対応であり不適当ということである。

19. **(4)**

20. **(3)**

贈り物は基本的には相手の好みに合った物がよいので，どのようなものがよいかと尋ねられたら，贈る目的を尋ねて一緒に考えていくのが基本になる。自分の好みの物が一番無難などのアドバイスは不適当ということである。

記述問題

実技　Ⅳ 対人技能

21. [解答例]

(1) お二人さまでいらっしゃいますね。それでしたら，こちらのお席でいかがでしょうか。

(2) ただ今満席でございますが，少々お待ち願えますか。

22. [解答例]

私F商会の三村と申します。いつもご利用ありがとうございます。本日は商品代金のお支払いの件でお電話をいたしました。1月20日に請求書をお送りいたしましたが，本日のところまだご入金の確認ができておりません。お手数ですが，お調べいただきご連絡くださいませんでしょうか。どうぞよろしくお願いいたします。では失礼いたします。

実技　Ⅴ　実務技能

23. [解答例]

お客さま各位

節電のお知らせ

当店は節電のため，店内照明を一部消灯して営業いたしております。ご来店のお客さまにはご不便をおかけいたしますが，何とぞご理解の上ご協力くださいますようお願い申し上げます。

ＡＢＣ家電

24. [解答例]

①（あきれた表情をしているのはなぜか）

名刺の向きが逆のまま，お客さまに片手で出しているから。

②（本山はどのように名刺を出すのがよいか）

名刺の名前が相手から読める向きにして，両手で差し出すのがよい。

（第57回　2級終わり）

2級　第56回　解答・解説

理論　I　サービススタッフの資質

1. **(3)**

銀行へは必要があって行くのだから，お客さまが集中して時間がかかっているならどの程度かかるか案内をするのがサービス。それによって出直す客もあろう。が，船橋が出直した方がよいと言うなどは出過ぎた言い方で不適当ということである。

2. **(5)**

マニュアルは応対の基本である。お客さまはいろいろだから基本を踏まえながらも，個々のお客さまに合わせた応対をするのが，販売スタッフの適性ということになる。従って，マニュアルを超えない応対というのは適性として不十分である。

3. **(4)**

店に活気が感じられるには，スタッフの明るさやきびきびとした行動が重要で，それが店の雰囲気につながる。従って，お客さまがいないときでもスタッフが手を休めずに動くことは活気が感じられる店づくりに必要なことなので適当ということである。

4. **(2)**

感謝されるとはありがたく思ってくれること。これを期待してするのがサービスではない。また，奥ゆかしいとは慎み深く上品で心がひかれること。が，サービスはお客さま満足のために必要なことはしないといけない。奥ゆかしくした方がよいと考えたのは不適当ということである。

5. **(3)**

スタッフが料理の食材の紹介や食べ方などを説明するのは，お客さまにその料理を十分堪能し，食事の時間をより満喫してもらうための気配りの一つである。話し中だからと説明しないのはお客さまサービスを省くことになり，気配りとは言えないので不適当ということである。

理論　Ⅱ　専門知識

6. **(2)**

「調味」とは，食べ物に味を付けることである。

7. **(3)**

二つの商品を見比べているときに，それぞれの特長を説明し選びやすくするのがスタッフの役目。が，どちらを選ぶかはお客さまである。スタッフが自分の好みを話せば選ぶ邪魔をすることになり選びやすくはならないので不適当ということである。

8. **(1)**

富裕層のお客さま対象となると，年配客が多いことはあるかもしれない。が，若者に人気のスポットや料理が年配客には選ばれないとは限らない。従って，若者に人気のものを外して企画するというのは不適当ということである。

9. **(2)**

電話で日ごろからお客さまの相談に乗っていれば，定期点検は相談部分も含めたより丁寧な点検ができることになる。それがお客さまの信頼につながり会社の利点になるということ。従って，時間を短縮できると考えたのは筋が違っているので不適当ということである。

理論　Ⅲ　一般知識

10. **(2)**

「鼻を明かす」とは，相手を出し抜いてあっと言わせることである。

11. **(1)**

「前途洋々」とは，将来が希望に満ちて限りなく広がっている様子のことである。

実技　Ⅳ 対人技能

12. **(4)**

こちらから電話をした者のことを尋ねるのだから「名前」「申して」のように謙譲表現になるので(4)が適当ということ。以外は尊敬語を用いているので不適当である。

13. **(5)**

記入をお願いするときの「眼鏡はこちらを」とは，老眼鏡をお使いくださいということ。一般的に女性は若く見られたいという願望があるから，このように言われて気分のよい人はいない。従って，お客さまの立場に立った対応にはならないので不適当である。

14. **(3)**

「結構いいお値段」とは「予想より高い」ということを言外に表しているのだから，スタッフとしては値段と相応であることを納得してもらう言い方が必要になる。このような場合は，お客さまに同調しながらも，使えばよさが分かるという言い方が適当ということである。

15. **(3)**

新人かと聞かれたら，よろしくお願いしますなどと愛想よく応えるのが，お客さまにもいい人と思われる感じのよい対応の仕方。「何かご用ですか」と返すなどはぶっきらぼうな対応で感じが悪いので不適当ということである。

16. **(4)**

年始のあいさつ回りは儀礼的なものだから，担当者が不在ならそのとき応対してくれた人にすればよい。担当者が戻る時間を尋ねるのは担当者に直接用があるとき。あいさつ回りの仕方として不適当ということである。

実技　Ⅴ　実務技能

17. **(2)**

お客さまが机の配置が違うようだと言ったのは，今日の会議の運営に差し支えるからであろう。このような場合は，依頼通りの形にしていてもできるだけ要望に応えるのが貸会議室のスタッフの仕事。このままとお願いするなどは不適当ということである。

18. **(1)**

結び切りとは，繰り返すことがないようにという意味で，結婚の祝いや弔事などに使用する結び方である。成人祝いは，大人になったという人生の一つの節目を祝うもの。人生の節目の祝いは何度あってもよいので，この場合は，ちょう結びということになる。

19. **(5)**

電話応対に対する苦情である。応対したのは個人でも，苦情は店の責任として対応しないといけない。改善のために，どのような応対だったかを尋ねるのはよいとしても，電話を受けた者に注意するなどと個人の責任で済ますような言い方は不適当ということである。

20. **(4)**

目立たない所とはいえ傷があれば，そのバッグは不良品である。お客さまがそれでもよいと言うなら別だが，売り場スタッフが，持ち歩くときは目立たないと言って，間に合わせてもらえないかとお願いするなどは不適当ということである。

記述問題

実技　Ⅳ　対人技能

21. [解答例]

(1) こちらのお席でよろしいでしょうか。よろしければこちらをお荷物入れとしてお使いください。

(2) 本日のお薦めメニューはこちらでございます。どうぞお試しください。

22. ［解答例］

ご来店のお客さまにお知らせいたします。先ほど２階エスカレーター前にスマートフォンの落とし物がございました。お心当たりのあるお客さまは，１階サービスカウンターまでお越しください。本日もご来店くださいまして誠にありがとうございます。

実技　Ⅴ　実務技能

23. ［解答例］

> お客さま各位
>
> 開店５周年記念セールのお知らせ
>
> 当店は，来たる11月15日に開店５周年を迎えます。これを記念して，日ごろお引き立てをいただいているお客さまへ，感謝の印としてポイント10倍セールを行います。多数のお客さまのご来店をお待ち申し上げております。
>
> セール期間　11月10日（木）～11月20日（日）
>
> ＡＢＣジュエル

24. ［解答例］

①（不適切なところはどこか）

立ったまま，迷子の子供を見下ろすようにして話しかけているから。

②（江口はどのようにするのがよいか）

しゃがむなどして，子供の目線の高さに合わせ話を聞くようにするのがよい。

（第56回　２級終わり）

2級　第55回　解答・解説

理論　Ⅰ　サービススタッフの資質

1. **(5)**

会計が終わった患者さん同士の世間話だから，そう長く話し込むことはなかろう。それを「こちらでお願いしたい」と言えば，邪魔者扱いされたと受け止められかねず，また，世間話に水を差すことにもなる。よい印象とは逆のことであり不適当ということである。

2. **(4)**

いつも同じ物を頼むのは，お客さまはそのメニューを気に入っているからである。そのお客さまに「たまには違う物を」などと薦めるのは，お客さまの好みに口を出すことであり，感じがよいと思ってもらえる応対には当たらないということである。

3. **(3)**

老舗和菓子店にふさわしい服装と化粧である。食品を扱うから何をおいても清潔感が重要になる。また，老舗は信用が第一。となると，どのようなお客さまに対しても違和感を与えることがない落ち着いた雰囲気の服装が適切になるということである。

4. **(1)**

学校の遅れを取り戻すためなら，子供の理解度に合わせて指導をするのでお任せくださいなどと対応するのが，営業を意識したこの場の対応。親も一緒になって頑張らないといけないなどは，入塾の意味がないと思われるような言い方で不適当ということである。

5. **(1)**

つえを使う高齢のお客さまは，座敷席では足を自由に伸ばせるが，食事をするには膝を曲げにくいなど苦痛になる人もいる。従って，見当違いの気遣いで不適当ということである。このような場合は，お客さまに席の希望を尋ねてから案内するなどが気遣いになる。

理論　Ⅱ　専門知識

6. **(2)**

決め手に欠けるというのは，見ている服がいまひとつピンとくるものがなく購入まで至らないということ。であれば，その服の特長を紹介したり，決められない部分を尋ねたりして手助けをするのがよいことになる。応対しないというのは不適当ということである。

7. **(2)**

お客さまから見ればドライバーもその会社の社員。会社への要望だから，社員に言えば伝わるというのが一般的な理解である。担当が違うなら，聞いて担当部署に伝えるのがこの場合の対応になる。直接電話してもらいたいなどと言うのは不適当ということである。

8. **(1)**

9. **(3)**

「○○で勝負」とは「○○」を決め手として売り上げを伸ばそうということ。従って，サービスで特長（他店との違い）をお客さまに訴え，結果を出そうということだから適当なのは(3)ということになる。

理論　Ⅲ　一般知識

10. **(4)**

「寝食」とは，寝ることと食べること。「寝食を忘れて仕事に没頭する」などのように使う。病気のために寝たまま食事をするという意味ではないので不適当である。

11. **(5)**

実技　Ⅳ　対人技能

12. **(3)**

「ご説明して差し上げます」は「説明してあげる」という意味。謙譲語ではあるが恩着せがましさや押し付けがましさを伴う言い方なので，お客さまにかける言葉としては不適当ということである。

13. **(2)**

「太めだから大きめがよいかも」とお客さまが言うのは気にしているから。スタッフは，「そんなことはないですが，大雨のときには便利です」などと対応するのがこの場の適切な対応。「そうですよね～」は太めを肯定した言い方になるので不適当である。

14. **(2)**

お客さまに，代金を受け取ったことを「頂戴いたしました」と言うのは丁寧で正しい言い方だから，直したのは不適当。領収は「領収書」のように，主に文書などに使う言葉である。

15. **(3)**

このお客さまは，色や形，かけたときのフィット感など総合的に判断して気に入ったのであろう。であれば，そのフレームを買ってもらうのがお客さま満足につながる。それなのに自分の選ぶ目を優先して他の物を薦めるなどはお客さま応対として不適当である。

16. **(2)**

接待客に気持ちよく宴会してもらわないといけない場で，料理の金額を言うなどは場の空気をわきまえず不適当ということになる。接待は金額により客を格付けしているとも解釈されかねないことから，金額は表に出さないのがルールである。

実技　　Ⅴ　実務技能

17. **(2)**

購入が3週間前だとしても，履いていないことが確認できれば何とか交換に応じようとするのがスタッフの役目。この場合，お客さまが希望する商品はもう店にはないのだから，代替案を提示することになる。対応のしようがないと拒絶するのは不適当な対応である。

18. **(2)**

「会葬」とは，葬儀に参列すること。会社で執り行う葬儀は「社葬」である。

19. **(2)**

「固くお断りいたします」はこのような場合の常套句（決まり文句）である。

20. **(4)**

観葉植物は大きさや形，育て方などさまざまで，その中からお客さまの要望に合う品を選ぶのが瀬田の仕事。この場合，それに必要なことを尋ねることになるが，家族の人数は参考にはならないので尋ねたのは不適当ということである。

記 述 問 題

実技　Ⅳ 対 人 技 能

21. [解答例]

(1) そちらの商品につきましてはお調べして，こちらからご連絡いたします。

(2) 何時ごろでしたらご都合がよろしいでしょうか。

22. [解答例]

お急ぎのところ大変申し訳ございませんが，受付は整理券の番号順で行っておりますので少々お待ち願えませんでしょうか。お客さまの番号は次ですので，間もなくお呼びすることができると思います。

実技　V　実務技能

23. ［解答例］

お客さま各位

靴選びはお任せください

靴選びでお悩みのお客さまに，シューフィッターが履き心地のよい靴選びのお手伝いをさせていただきます。どのようなことでもお気軽にご相談ください。

ＯＫ靴店

24. ［解答例］

①（お客さまが驚いたような表情をしているのはなぜか）

ソーサーとスプーンを先に置いて，後からコーヒーカップを置こうとしているから。

②（コーヒーの出し方はどのようにするのがよいか）

トレーの上でソーサーにスプーン，コーヒーカップ をセットしてから，お客さまの前に出すようにするのがよい。

（第55回　2級終わり）

2級　第54回　解答・解説

理論　Ⅰ　サービススタッフの資質

1. **(4)**

　この場合のくつろぎとは，ゆったりした非日常の時を楽しむことである。スタッフの役割はその手助けになるのだから，会話もお客さまの楽しみの一つにしてもらえるようでないといけない。尋ねられたこと以外の会話はしないというのは不適当である。

2. **(5)**

　希望するスタッフが休みなのだからお客さまも残念であろう。せっかく来店したのだから「よければ」と言って代わりを務めたのはよい。が，次回もよろしくと言うなどはお客さまの気持ちを考えていない厚かましい言い方なので不適当ということである。

3. **(1)**

　丁寧な応対は，動作も落ち着いた感じになるのでゆっくりと感じられる。が，この場合のゆっくりはスタッフの動作のことで，お客さまとは関係のないこと。従って，お客さまに影響することではないので(1)のように考えたのは不適当ということである。

4. **(3)**

　いろいろ意見を出し合って決めるのも旅の楽しみの一つである。この場合の熊田の役割は，お客さまが満足できる旅行になるように，グループ客が意見をまとめやすいような提案をすること。出直した方がよいと言うなどは，この場の対応として不適当である。

5. **(4)**

　注意が周りのお客さまに気付かれないようにというのは，注意されたお客さまの体面上のことがあるからである。注意は周りのお客さまのためにするもので，店内の環境保持は店としての責任である。従って，店の威厳とは関係がないので(4)は不適当である。

2級／第58回 解答解説
2級／第57回 解答解説
2級／第56回 解答解説
2級／第55回 解答解説
2級／第54回 解答解説
2級／第53回 解答解説
2級／第52回 解答解説

理論　Ⅱ 専門知識

6. **(4)**

お客さまが品を希望したら，それを満足して買ってもらうように努めるのが店の良心であり責任でもある。他の類似の安い品を紹介してみるのはよいとしても，お買い得と言って薦めるなどは行き過ぎなことで不適当である。

7. **(5)**

食器を片付けずに席を立ったのは，お客さまの故意なのか，うっかりなのか，システムを知らなかったのかは分からない。いずれの場合であっても，他のお客さまの前で恥をかかせるような呼び止め方をするなどは不適当ということである。

8. **(5)**

「掛け値」とは，正価に上乗せして高く付けられた値段のこと。

9. **(5)**

お客さまは混雑状況を心配して尋ねたのである。であれば，いつも混雑しているが今日はどうかなどとお客さまに調子を合わせるのがこの場の対応。何とも言えないのはその通りとしても，これではまた利用したいと思えるサービスにならず不適当ということである。

理論　Ⅲ 一般知識

10. **(4)**

「閑古鳥が鳴く」とは，お客さまが来なくて商売が繁盛しない，寂れた様子のこと。にぎわっている様子や状態を表す言葉ではないので不適当である。

11. **(3)**

実技　Ⅳ 対人技能

12. **(3)**

お客さまからすてきな雰囲気とお褒めの言葉をもらったのだから，ありがとうございますとお礼を言うのはよい。が，客にも協力してもらっているとは，雰囲気を保つように協力してもらいたいと客に強要するような言い方なので不適当ということである。

13. **(5)**

結構いい値段とは，お客さまは思ったより高いと感じているのである。とすれば，相応の値段であること，その商品にはそれだけの価値があるということを伝える言い方が必要になる。従って，着てみればよさが分かるという(5)の言い方が適切ということである。

14. **(4)**

お客さまは今日空いているかと尋ねている。であれば，シングルが満室なら他の種類の今日の空室状況を調べて答えるのがこの場合の対応になる。キャンセル待ちなどは，今日のことを尋ねているお客さまの都合に合わせた対応ではないので不適当である。

15. **(4)**

「お探しになられている」は，尊敬語の「お探しになっている」に，さらに「れる」という尊敬語を加えた二重敬語なので不適当。適切な言い方は，「お探しになっている」「探されている」などである。

16. **(2)**

客は冗談で言ったのだからそれに合わせた応対になる。「ご冗談でしょう。全部は食べきれないですよ。それより今日のお薦め料理はいかがですか」のように，冗談は受け入れてその上で別の料理を薦めるなどがよい。(2)は応じ方が正直過ぎて不適当ということである。

実技　Ⅴ　実務技能

17. **(2)**

水引の結び方の使い分けは，何度あってもよいことは「ちょう結び」，一度であってほしいことは「結び切り」とされている。長寿祝いは何度あってもよいことなので(2)は不適当である。

18. **(4)**

微細でも織り傷のあるものは，実用上差し支えなくても商品価値上は傷物商品。在庫がないのは店側の理由。それを無条件で間に合わせてもらえないかとお願いするなどは不適当ということである。

19. **(3)**

レシートは，代金を受け取った証拠として渡すものである。受け取る受け取らないは客の自由だが，要らない人が多いからと，「ご入り用の際にはお申し付けください」などレシートを渡さないことを前提とした案内をすることは店側の対応としては不適当である。

20. **(4)**

お客さまから連絡を受けたのだから，再発送の手続きをするのはよい。が，今度は確実に受け取ってもらいたいなどの言い方は，お客さまの不手際を責めているようになるので不適当である。

記述問題

実技　Ⅳ　対人技能

21. [解答例]

(1) こちらからお送り（いた）しました書類は，ご覧になっていただけましたでしょうか。

(2) ご記入がお済みになりましたら，至急書類をご返送くださいませ。

22. [解答例]

私ＡＢＣ時計店の野原と申します。先日はご来店くださいましてありがとうございました。お預かりいたしました江田様の腕時計の修理が完了しましたのでご連絡いたしました。ご都合のよろしいときにご来店くださいませ。当店の営業時間は10時から19時まででございます。ご来店をお待ちいたしております。失礼いたします。

実技　V　実務技能

23. [解答例]

> 患者さま各位
>
> 患者さまには順番に対応しておりますが，施療方法により順番が前後することがあります。
> ご承知くださるようお願いいたします。
>
> 院長

24. [解答例]

① (不適切なところはどこか)

お客さまが商品を当てて鏡で見ているのに，対応することもなく陳列品を整えているから。

② (風間はどのようにするのがよいか)

陳列品を整えることを止めて，商品を見ているお客さまのところへ行き対応をするのがよい。

(第54回　2級終わり)

2級　第53回　解答・解説

理論　I　サービススタッフの資質

1. **(2)**

お客さまからの質問にはすぐ対応したいがあいにく木下は作業中である。商品について詳しく知りたいとなると対応は長くなることも予想される。となると，少し待ってもらって仕事を中断してからきちんと対応するのが適切な対応ということになる。

2. **(5)**

心が伴うとは，お客さまを大切にしようという気持ちがあること。その心があればお辞儀や言葉遣いにもおのずと丁寧さが現れてくる。従って，丁寧でないお辞儀や言葉遣いに心が伴っていると感じられるのは無理があり，心でしているとはならないので不適当である。

3. **(5)**

分からないことを尋ねられたら，分かる者に代わって対応してもらい自分はそばで勉強するなどがこの場合の原口の仕事の仕方。お客さまから見ればスタッフが臨時かどうかは関係ないのだから，臨時だと言って納得してもらうなどは不適当ということである。

4. **(4)**

同じ話の繰り返しであっても，何度でも聞いて受け入れるのが，高齢者福祉施設のスタッフとしての話の仕方，聞き方である。前の話と同じと言って，別の話題を提供するなどは不適当ということである。

5. **(2)**

市役所が主催する観光名所を巡るバスツアーである。参加者は興味があって申し込んでいるし，市としても名所を知ってもらい地域振興に役立てたいなどの目的もある。従って，観光名所の説明は必須となる。参加者に尋ねてみることではないので不適当ということである。

理論　Ⅱ　専門知識

6. **(4)**

お客さまが値引きをしてもらえないかと言うのは，今その品が欲しいからである。であれば，現時点でできることを提案するのがこの場の対応。セールのとき来てもらいたいでは，対応になっていないので不適当ということである。

7. **(4)**

「アドバイスしてもらえないか」と言うのだから，プロのセンスで選ぶのはよい。が，お客さまにも好みがあり，洋服との相性もある。従って，最終的にはお客さまに選んでもらうのがよいので，決めてあげるのは不適当ということである。

8. **(1)**

「たたき売り」とは，損を覚悟で商品を安く売ることである。

9. **(4)**

お米は消費量が多いから価格にこだわる人もいる。商品を客のニーズに合わせるのが店の仕事でもあるので，なぜ来店回数が減ったのかは知りたいところである。が，その理由を客に直接尋ねるなどは立ち入り過ぎで不適当ということである。

理論　Ⅲ　一般知識

10. **(3)**

「旬刊誌」とは，10日に1回発行されるもののことである。

11. **(4)**

「寄せばし」とは，遠くの料理の器を箸で手元に引き寄せることである。

実技　　Ⅳ　対人技能

12. **(2)**

　ちょっとでも靴を外で履いてしまったら使用済みだから商品として販売できないのはその通り。そのような当たり前のことをあからさまに言うのは不適当ということである。痛くて履けないというなら，調整するなどと提案するのが誠意ある対応である。

13. **(5)**

　専門用語というのは，その分野の専門家の間で使われる言葉。この場合は一般のお客さまだから，分かりやすい言葉を使って説明することが必要になる。従って，専門用語を積極的に取り入れて説明をするのは不適当ということである。

14. **(4)**

「口が達者」とは，口先がうまくよくしゃべるという意味の言葉。お客さまからおいしかったと礼を言われたときに言う言葉ではないので不適当ということである。

15. **(5)**

　全室禁煙であっても，お客さまはたばこの臭いが残っていると言うのだから，他の部屋を用意するか，スタッフが消臭のために部屋に向かうなどが，この場合の親切な対応になろう。(5)はお客さまの言い分を疑っていて親切とはいえないので不適当ということである。

16. **(4)**

「来訪」とは相手が訪ねて来ること。この場合はこちらが訪ねて行くのだから，言葉遣いが違っていて不適当ということである。

実技　　Ⅴ　実務技能

17. **(2)**

　アフターサービス強化のための台帳だから，購入品のメンテナンスや買い替え，他種の案内などをするための項目が必要ということになる。来店時のお客さまの服装は，それらと関係がないことなので不適当ということである。

18. **(3)**

聞かれたのは支払い金額の内訳などであろう。診療報酬は診察や処置，検査などに応じて点数があり，金額が計算される。その明細を調べれば答えられるのに，直接先生に尋ねてもらいたいと言うのは見当が違っていて不適当ということである。

19. **(1)**

指定した日に届かなかったという苦情である。この場合はお客さまに商品が届くまでが店側の責任なのだから，店側の手違いとしてわびるしかない。従って配送業者を引き合いに出し，店側の責任ではないような言い方をしたのは不適当ということである。

20. **(3)**

お客さまに快適に利用してもらうためには，ゴミがあふれるほど入っていたら片付けるのがスタッフの仕事。隣にゴミ箱を置いてもあふれたゴミの解決にはならず，快適に利用してもらうことにはならないので指導として不適当である。

記述問題

実技　Ⅳ　対人技能

21. [解答例]

(1) 申し訳ございません。そちらの件につきましては，私には分かりかねます。

(2) 担当者が戻りましたら，お客さまにご連絡するように申し伝えます。

22. [解答例]

このたびはご入会くださいましてありがとうございます。私はスタッフの羽村俊太と申します。こちらがお客さまにお使いいただくロッカールームで，○○様はこちらをご使用ください。ロッカーの鍵の管理には十分お気を付けください。

実技　V　実務技能

23. [解答例]

お客さま各位

テイクアウト料理全品半額のご案内

当店ではオープン３周年記念として，以下の期間テイクアウト料理を全品半額といたします。
ぜひ多くのお客さまのご利用をお待ち申し上げております。
期間　11月15日（月）～20日（土）

店長

24. [解答例]

① （お客さまが不愉快そうな表情をしているのはなぜか）
お客さまを見ないで，名刺を片手で受け取っているから。

② （坂井はどのようにするのがよいか）
お客さまを見て，名刺は両手で受け取るのがよい。

（第53回　2級終わり）

2級　第52回　解答・解説

理論　I　サービススタッフの資質

1. **(2)**

　順番を変えられないのはその通りで，患者さんも承知していること。それを「順番は変えられないですからね」と念を押すような言い方では思いやりがあるとは言えないので不適当。「おつらそうですが，お待ちになれますか」などの気遣う言い方が必要である。

2. **(4)**

　スタッフが気安いと感じられる応対をすれば，お客さまも商品について気軽に尋ねてくれるのはその通り。が，どのようなときも気を使うのがスタッフの立場。気を使わず売ることに集中するなどはあり得ないことなので，考えたこととして不適当ということである。

3. **(5)**

　初めてのお客さまは，店の様子も技術の程度も分からないから不安がある。雑談はそのようなお客さまの気持ちをほぐす効果があるからカット中でも必要になる。カットの良しあしはスタッフの技量で雑談とは関係のないこと。従って，教えたこととして不適当である。

4. **(3)**

　お客さまがどの料理にするか迷っているのは，料理の内容がよく分からないとか，一つに絞り切れないからなどであろう。そのような場合は料理の特長などを言って決めるのを手伝うのがスタッフの気配り。自分のお薦めの料理に決めるなどは不適当ということである。

5. **(2)**

　窓口対応に要する時間は，処理内容やお客さまの用件によって違ってくる。スタッフ同士が丁寧な言葉を話すのは郵便局のイメージアップであり，窓口対応の時間には関係がないこと。従って，(2)のように考えたのは不適当ということである。

理論　Ⅱ　専門知識

6. **(5)**

自分が担当していない商品について尋ねられたら，分からないことがあれば分かる者に代わるなどして要望に応えるのがスタッフの役目。分からないとはっきり言うだけでは対応にならず，よいスタッフとはいえないので不適当ということである。

7. **(3)**

「値踏み」とは，おおよその値段を付けること。

8. **(4)**

買うつもりで来たが迷っているというお客さまなら，迷う点を尋ねアドバイスするなど，決める手助けをするのがサービスになる。日を改めた方がよいなどとお客さまの買う気をそぐような言い方はサービスではないので不適当ということである。

9. **(2)**

お客さまはこの日に来店したのである。長時間待たせそうなら待ち時間が気にならないような対処法が必要。平日の来店をお願いするなどは，この日のお客さまを引き留める方法ではないので不適当である。

理論　Ⅲ　一般知識

10. **(1)**

11. **(1)**

「還暦」とは，60歳の祝いのことである。

実技　Ⅳ　対人技能

12. **(3)**

お客さまは似合うかどうかの評価をスタッフに求めているのである。「自分で選んだのだから自信を持ってください」は，お客さまの求めに対して突き放したような言い方。納得できる一言になっていないので不適当ということである。

13. **(4)**

「大丈夫でしょうか」が不適当。大丈夫は危険や心配がないことを表す言葉だから，この言い方は「振り込んでもらいたいが心配はないか」と相手を疑ったような言い方になる。振り込みが可能かを尋ねるのだから，「よろしいでしょうか」などが適切になる。

14. **(1)**

売り場で言う「いらっしゃいませ」「こんにちは」はお客さまを歓迎するという意味だから，売り場側が一方的に言うもの。お客さまがあいさつを返すなどの関係性は本来ないのだから，返すことになるという指導は不適当ということである。

15. **(5)**

リゾートホテルのスタッフには，明るく生き生きとした雰囲気と折り目正しさが求められる。しゃれはその場を和ませるが，時としてふざけているような印象を持たれることもある。親しく話すためであってもお客さま応対にはそぐわないので不適当である。

16. **(5)**

洋服によって使い分けているのは，洋服とバッグの合わせ方を楽しんでいるのである。そのお客さまに「不経済ではないですか」は，お客さまの楽しみ方を否定していて購買意欲までもそぐことになり，スタッフが言うようなことではないので不適当である。

実技　Ⅴ　実務技能

17. **(3)**

明日必要なのに仕上がり日が違っていた。確認しなかったお客さまに多少落ち度があるとしても，困っているのだから何とか手だてを講ずるのが日向野の立場。注意して見てもらいたいと非難するような言い方は不適当である。

18. **(4)**

19. **(5)**

「ご苦労さま」は，目上の者が目下の者の労をねぎらうときに言う言葉なので，葬儀の受付で言うのは 不適当。このような場合は「お忙しいところありがとうございました」と言って品を渡すのがよいとされている。

20. **(1)**

お知らせがあるとき，掲示をすれば会計までの待ち時間などに見てもらえるが，全ての患者さんが見るとは限らない。会計は全ての患者さんがする手続きだから，そのときにも伝えれば確実に伝わるということである。

記述問題

実技　Ⅳ　対人技能

21. [解答例]

(1) ご予約を頂いておりました田中様でいらっしゃいますね。お待ちいたしておりました。

(2) ご用がおありでしたら，どのようなことでも私（私ども）にお申し付けくださいませ。

22. [解答例]

あいにく上村は外出いたしておりまして戻りが2時の予定でございます。私，森田と申しますが，よろしければ代わりにご用件を承りまして，上村が戻りましたらこちらからお電話させていただきたいと存じますがいかがでしょうか。

実技　Ⅴ　実務技能

23. [解答例]

> 患者さま各位
>
> 臨時休診のお知らせ
>
> 院長が学会出席のため，以下の期間を臨時休診といたします。ご不便をおかけしますが，ご了承のほどお願い申し上げます。
>
> 期間　7月1日（木）～3日（土）
>
> ○○クリニック

24. [解答例]

①（お客さまが不愉快そうな表情をしているのはなぜか）

お客さまに説明するときに，カウンターに頬づえを突いて，ペンを使って説明しているから。

②（佐山はどのようにするのがよいか）

左手は旅程表を軽く押さえて，右手で内容を指し示しながら説明するのがよい。

（第52回　2級終わり）

サービス接遇検定

解答・解説

（第52回～第58回）

1級

1級　第58回　解答・解説

理論　I　サービススタッフの資質

1. ［解答例］

①誠実とは言動にうそやごまかしがないことだから，お客さまには裏表のない接し方をすることが必要。

②加入した保険のことでお客さまから相談があればすぐに訪問し，話を聞いて設計書の見直しなどの対応をする。

③高齢のお客さまや独り暮らしのお客さまなどは，定期的に連絡を入れて様子を尋ねるなどして頼りにしてもらうようにする。

［解　説］

誠実な人と思われるにはどのようにすればよいかということだから，誠実ということの意味と，それに基づいたお客さまへの接し方が答えになる。

2. ［解答例］

①おしゃれは，自分をよく見せるために個人の好みや趣味で自分を飾ることである。

②身だしなみとは，お客さまに不快感を与えないことを意識して，服装や化粧など全体を整えることである。

③お客さまを意識したおしゃれなら身だしなみの範囲と言えるが，度を越した化粧やネイルアートとなると，お客さまを意識したものとは言えない。

［解　説］

この場合，なぜ注意されるのか分からないのだから，おしゃれと身だしなみの違いを説明することになる。が，お客さまを意識しておしゃれをしていると言うのだから，職業を意識したおしゃれの仕方などの指導も必要になるということ。解答例の他に，「お客さまを意識するなら，清潔感が感じられる自然な化粧にして，ネイルアートは飲食のサービスをするスタッフは控えなくてはいけない」「スタッフの身だしなみのよさは，店の印象のよさや信頼にもつながることだから，スタッフは常に心がけないといけない」などもよい。

理論　Ⅱ 専門知識

3. [解答例]

①災害時にお客さまの安全を確保するのは店側の責任であり，スタッフもその一端を担っている。

②お客さまを安全に避難させるにはスタッフの連携が必要であり，訓練によって備えておかないと災害が起きたとき十分なことができない。

③いつ起こるか分からない災害に備えての訓練だから，スタッフは慣れておく必要があるので1回受ければよいということではない。

[解　説]

訓練をするのは，そのことに習熟しておくためである。カフェなど不特定の人が集まる場所で災害が起きたらどうなるか。お客さまを無事に避難させるためには誰もができなければならない。これらのことを分かってもらうような説明が答えになる。

4. [解答例]

①商品を幾つか見比べていて興味がありそうな様子のお客さまを見かけたら,「お探しの物について，よろしければお手伝いいたしますが」とこちらから声をかけて，関わるきっかけをつくる。

②お客さまが商品について尋ねてきたら，予算，性能など大体の希望を尋ねて，まずは一般的に好評な商品を薦めてみる。

③薦めた品の説明をしながらお客さまの反応を観察し，別の商品も紹介するなどして，より希望に合う商品を探す手助けをする。

[解　説]

対面販売のよさは，お客さまに商品を提示しながら要望を尋ねたり商品知識を生かした提案をしたりして，満足する品選びの手助けができることにある。それがお客さまに積極的に関わるということでプロのサービスの仕方ということ。そのような対応例の具体的なことが答えになる。

5. [解答例]

①宿泊日と人数，部屋数の希望を尋ね，祝いの席は個室を用意するかを尋ねる。

②特別料理の希望はあるか，あればどのような物が好みかを尋ねる。

③記念写真などの希望を尋ねる。

[解　説]

宿泊を共にしての祝い事だから，寝食に関することの確認と行事を行う際の希望の有無などを尋ねることが必要になる。これらに関することが答えられればよい。解答例の他に，「翌日の予定を尋ねるなどして，必要な対応をする」などもよい。

理論　　Ⅲ　一般知識

6. [解答例]

(1) 水害，地震などの災難に遭い損害を被ったところに出す見舞いの金品。

(2) よその火事に巻き込まれて被害を受けたところに出す見舞いの金品。

(3) プロジェクトチームや合宿など集中して何かをしている人たちに，激励のために贈る金品。

7. [解答例]

	読み方	月
(1) 卯月	うづき	(4) 月
(2) 皐月	さつき	(5) 月
(3) 弥生	やよい	(3) 月
(4) 睦月	むつき	(1) 月
(5) 如月	きさらぎ	(2) 月

実技　Ⅳ 対人技能

8. ［解答例］

①「いらっしゃいませ」と言うときは，明るい言い方でよく来てくれたという雰囲気が感じられるような迎え方をする。

②商品を説明するときは，よそよそしくならないように親近感や気安さを表す言い方を意識する。

③必要なことだけの応対ではなく，「お似合いですね」と褒めたり，「ご利用ありがとうございます」などと一言添えて，親しみを持ってもらえるようにする。

［解　説］

愛想のよい応対とは，お客さまに親近感を持ってもらえるような態度，話し方で応対をすることである。それらの具体的なことが答えられればよい。

9. ［解答例］

①しゃがむなどして子供の目線に合わせ，お母さんはすぐ見つかるから大丈夫などと言って安心させる。

②子供の気持ちが少し落ち着いたら，名前，年齢，はぐれた所や様子などを尋ねる。

③子供と一緒に母親とはぐれた所で，少し待っていて様子を見る。

④迷子センターまで子供と一緒に行き，放送してもらう。

⑤母親が来るまでの間，不安な気持ちをそらせるように子供の相手をしている。

［解　説］

母親と離れ不安に思っている子供には，まずは安心するような対応が必要になる。心理的に落ち着くことができれば，徐々に質問にも答えるであろう。そのような対応の具体的なことが答えになる。

10. ［解答例］

(1) 本日はどちらの診療科をご希望でしょうか。

(2) 申し訳ございませんが，本日は混み合っております。

(3) お待ちいただくお時間が長くなりますが，よろしいでしょうか。
(4) 紹介状はこちらでお預かりいたします。
(5) こちらの用紙にご住所とご連絡先をお書きください。
(6) 後ほどお名前をお呼びいたします。
(7) あちらにおかけになってお待ちくださいますか。

11. [解答例]

①その時間には予約が入っているので待たせることになると言って，今日でないと駄目か，仕上がりは急ぎかどうかなどを尋ねる。
②急ぎではないが今日お願いしたいということなら来てもらい，予約客を行いながら，合間を縫って得意客のカットとカラーも行うようにする。
③急ぎということなら別の担当者に頼み，得意客にもそれでよいかを聞く。

[解　説]

予約客がある時間帯に重ねて得意客から依頼の電話である。重なったのだから断っても仕方ないことだが，せっかくの電話なのだから何とか対応しようと考えて提案することが必要。となると，予約客に迷惑のかからない方法で対応する具体的な方法が解答になる。解答例の他に，「新谷でないと困るということなら，別の日に改めて来てもらうことをお願いする」などもよい。

12. [解答例]

①レッスン生のそれぞれの技量に合わせた指導の仕方を意識する。
②指導したことがうまくできるようになったときはその場ですぐ褒めて，次の課題を示してあげるようにする。
③レッスン生同士の技量の違いを，皆の前で比較するような言い方はしない。

[解　説]

レッスンが楽しいと思えるのはうまくなっているのが自分で感じられる，褒められる，居心地がいいなどであろう。となると，インストラクターはそのことを意識した指導が必要ということ。そのような観

1級／第58回 解答解説
1級／第56回 解答解説
1級／第55回 解答解説
1級／第53回 解答解説
1級／第52回 解答解説

点から答えられればよい。解答例の他に,「レッスン終了時には，次回の練習内容を知らせて期待を持ってもらうようにする」「時にはコースに出たときの気持ちよさを話すなどして，真面目にレッスンを受けて早くコースに出たいという気にさせる」などもよい。

13. [解答例]

(1) お問い合わせありがとうございます。恐れ入りますがお名前をお聞かせ願えますか。

(2) ご予約いただいているかどうか確認いたしますので，少々お待ちいただけますか。

(3) 確認いたしましたがお名前が見当たりません。恐れ入りますがお日にちにお間違いはございませんでしょうか。

14. [解答例]

①お客さまが出たら名乗り，相手の都合を尋ねる。

②言葉遣いは丁寧にし，謙虚な話し方をする。

③生き生きと明るい雰囲気で，親近感のある話し方をする。

④用件は簡潔に言って，手短に済ませる。

⑤最後に，時間を取ってくれた礼を丁寧に述べる。

[解　説]

電話での感じのよい応対だから明るく丁寧なことはもちろん，相手への配慮が感じられる謙虚な話し方が必要ということ。それらについて具体的なことが答えられればよい。

実技　　V　実務技能

15. [解答例]

①髪形・料金等の満足度について

②スタッフの対応（技術・接客）について

③店の設備・環境の満足度について

④今後ご利用いただくためのご要望など

[解　説]

お客さまが再来店したいと思うのはその美容室に満足したとき。とすれば，お客さまが何を期待し何に関心を持っているか，何に不満だったかを調べることがポイントになる。そのような観点から答えられればよい。

16. [解答例]

①旅行先の穴場的な場所や，季節に合わせた観光スポットの詳細などを調べておく。

②日程に合わせたイベント開催の情報やご当地グルメ情報などを収集しておく。

③お客さまの男女比や年齢層などから，求められるであろう土産物や珍しい特産物を選定し紹介できるようにしておく。

[解　説]

事前準備と添乗中の気配りというのだから，団体旅行客が旅行先でどのようなことに興味を持つか，それに合わせた準備と気の使い方。このようなことの具体的なことが解答になる。解答例の他に，「天候などによりスケジュールの変更もあり得るので代替案を提示できるようにしておく」「添乗中は常に旅行客全体を意識した声のかけ方や動き方，視線の配り方をすること」などもよい。

17. [解答例]

(1) 葬儀の形式が分からない場合は，一般的には「御霊前」になる。

(2) 毛筆で書くなら薄墨にするのがよい。

(3) 香典は一度でよく，両方に参列する場合は通夜に出すのが一般的。受付では「このたびはご愁傷さまでした」と言って出す。

（第58回　1級終わり）

1級　第56回　解答・解説

理論　I　サービススタッフの資質

1. [解答例]

①お客さまを迎えるときは笑顔と明るい話し方を心がけ，ようこそいらっしゃいましたという親近感が感じられる迎え方をすること。

②部屋への案内や説明をするときは事務的にならないように笑顔を心がけ，お客さまのペースに合わせるようにすること。

③お客さまの滞在中，ホテルが特に手伝うことはないかなどと尋ね，お客さまが何でも相談しやすいような雰囲気を心がけること。

[解　説]

お客さまがホテルに到着したときは，これからの滞在期間に期待してワクワクしているときである。そのようなお客さまによい印象を持ってもらうのだから，お客さまの気持ちを損なうことなく明るい愛想のある応対が必要ということである。

2. [解答例]

①初めて来店のお客さまは，お互いに初めてなのだから丁寧な応対が必要で，それが感じのよい応対である。

②その応対や店の雰囲気が気に入れば，お客さまの来店回数は増えるが，いつも同様の応対では，よそよそしさを感じて物足りないのではないか。

③再来店のお客さまと分かったら気安くこちらから声をかけて，親しみを表した応対をすれば，心地よさを感じてまた来店してくれるのではないか。

[解　説]

初めてのお客さまは，スタッフがきちんと丁寧な応対をしないと店を信頼しないが，来店回数が増えると，自分は特別に扱ってもらっているという親密さなどを求める。このような顧客心理に触れたことが答えになる。

3.　[解答例]

①当日は客が多いため料理を待たせることになるかもしれないと話して，了承してもらってから予約を受ける。

②会席などのコース料理なら，事前にある程度の準備ができるのでさほど待たせずに済むと思うがどうかと尋ねてみる。

③一品料理で考えているということなら，お造りなど手間がかかる料理だけでも事前に注文してもらえれば待たせずに済むと思うがどうかと提案してみる。

[解　説]

料理をスムーズに提供することは，料理店の重要なサービスの一つ。この場合，接待ということだから，なおさら気を使わなくてはいけない。そのためには，まず現状を伝え，できるだけ待たせない方法を提案するなどの対応が求められる。それらの一連のことが答えになる。解答例の他に，「すぐに決められないということなら，前日までに電話をもらえれば何とかすると言う」などもよい。

4.　[解答例]

①初めて来院の患者さんでも愛想よく接し，症状を尋ねるときは相づちを打つなどして，最後まで話を聞くようにする。

②通院していて顔見知りの患者さんには，世間話なども交えたりして愛想のよい応対を心がけるようにする。

③混雑していて診察まで待たせそうなときは，受け付けるときに具体的な時間を知らせるなどして行動しやすいようにする。

[解　説]

患者さんから選ばれる医院とは地域に溶け込んでいて，何でも相談できる気安さがあるということ。となれば，他人行儀ではない親身になった接し方が必要ということになる。それらの具体的な応対例が答えになる。解答例の他に，「診療が終わってもすぐに帰らず話しかけてくる患者さんには，できるだけ話し相手になるようにする」などもよい。

5. [解答例]

①大体の予算や贈る相手の雰囲気など，選ぶ手助けになりそうなことを尋ねる。

②情報が少なければ，後で交換もできると言って，お客さまが気軽に選べるようにする。

③就職祝いなら，幅広く使えそうなオーソドックスなタイプのネクタイを選ぶのもよいと言って幾つか選ぶ。

[解　説]

ネクタイのように趣味性の強いものは，好みが分からないと選びにくい。しかし，贈り物なのだから選ばなければならない。とすれば，このような薦め方が適切な対応ということである。解答例の他に,「若者に人気のものを幾つか選んで紹介し，こちらも喜ばれるかもしれないと言って薦める」などもよい。

理論　　Ⅲ　一般知識

6. [解答例]

(1) 口先だけで巧みに人をあしらうこと。

(2) 物事は利害関係のない第三者の方が正しく判断できる。

(3) 身の程もわきまえず生意気なことを言う。

7. [解答例]

(1) インフラストラクチャー

(2) 産業や生活の基盤となる施設や設備のことで，学校，病院，鉄道，道路，上下水道などのこと。

実技　　Ⅳ　対人技能

8. [解答例]

①案内する席は夫婦でゆっくりできるように，個室または奥や端の静かな落ち着ける場所を選ぶようにする。

②料理や飲み物の注文を受けるときは，お客さまの希望を尋ねたり店のお薦め料理を案内したりして相談に乗るようにする。

③料理を出すタイミングや，サービスの仕方などはお客さまの様子に合わせた進め方をする。

[解　説]

「ゆっくりとおいしく料理を味わいたい」というのだから，静かな空間とお客さまのペースに合った料理の提供が必要ということ。従って，これらに関するスタッフのサービスの仕方が答えになる。解答例の他に，「お客さまに対するときの応対や言葉遣いなどは柔らかい雰囲気と丁寧さを心がける」などもよい。

9. [解答例]

①お客さまを受け付けるときは明るく生き生きとあいさつをして，チェックイン時の応対などはてきぱきと行動するようにする。

②チェックアウトの精算などは迅速に対応しながらも，言葉遣いや振る舞いは丁寧にすることを意識する。

③部屋のキー，釣り銭や領収書などをお客さまに渡すときは，両手で丁寧に渡すようにする。

[解　説]

ビジネスホテルを利用するお客さまは一般的には忙しく行動する人が多いから，それに合わせた迅速な対応が必要になる。また，お客さま応対はどのようなときも丁寧さや愛想のよさが求められるのだから，それらのことの具体例が答えになる。解答例の他に，「常に笑顔を心がけ，『ありがとうございました』『行ってらっしゃいませ』などのあいさつはきちんとするようにする」などもよい。

10. [解答例]

(1) ただ今ご紹介いただきました内村でございます（と申します)。

(2) 本日からこちらにお世話になります。

(3) 最初は皆さまにご迷惑をおかけすると存じます。

(4) ご指示くだされればどのようなことでもいたします。

(5) お気軽にお申し付けください。

(6) お気付きの点はいつでもご注意いただけますと幸いです。
(7) よろしくお願いいたします。

11. [解答例]
①抽象的に褒めるのではなく，具体的に褒める。
②そのお客さまの他と違う自信を持っていそうなところを褒める。
③お世辞のように聞こえる大げさな褒め方はしない。

[解　説]
人は褒められれば褒めてくれた人に好感を持ち，その人を肯定的に受け入れようとする。それには相手が誇らしく思えるように，その人特有のことを具体的に褒めるのがよい褒め方ということ。そのようなことが答えられればよい。

12. [解答例]
①お客さまが来店したときは，接客中であっても「いらっしゃいませ」と明るく元気な言い方で迎えること。
②席に案内するときは，動作だけでなく「こちらへどうぞ」などと明るい調子の言い方で丁寧に案内すること。
③施術が終わったお客さまには，「とてもお似合いですよ」などと，明るい表情で褒めるようにすること。

[解　説]
愛想とは，自分に対して気を使ってくれているとお客さまが感じられるような言い方をしたり接し方をしたりすること。この場合は新人だから，美容院でお客さまとやりとりする基本的な部分の具体的な対応例が解答になる。

13. [解答例]
私ＡＢＣ証券の助川光代と申します。いつもお世話になっております。この度新しく大石様の担当をさせていただくことになりました。一生懸命務めさせていただきますのでどうぞよろしくお願いいたします。また改めてお電話をさせていただきます。失礼いたします。

14. [解答例]
①マスクは表情を表す部分をほとんど隠してしまうので，笑顔になる

ときはほほ笑むのではなく，しっかり笑った表情をすると目に表れるようになる。
②会話をするときはきちんと丁寧に答えるだけでなく，大きくうなずいたり相づちを多く打つなどを加えると，気持ちが伝わりやすくなる。
③品物を薦めて似合うとか，すてきなどと感想を言うときは，言葉だけでなく身ぶり手ぶりなど動きを交えて伝えるようにするとよい。

[解　説]

マスクをすれば，感情を表現する顔の部分が隠れてしまうからお客さまに気持ちが伝わりにくくなる。であれば，それぞれの表現方法を大きくして相手に分かりやすくするなどが，この場合の解答になろう。そのようなことに触れた具体的なことが答えられればよい。解答例の他に，「お客さまに言葉をかけるときは，いつもよりゆっくり，はきはき言おうという気持ちで言うようにする」などもよい。

実技　　V　実務技能

15. [解答例]

①いつも購入してくれていることの礼を言って，季節限定の商品なので今年の入荷は10日後の予定だと言って謝る。
② 10日後には入荷していると思うが，そのころに来る予定があれば取り置くこともできるがどうかと尋ねる。
③来る予定がないようなら，住所を聞いておいて商品が入り次第送らせてもらうこともできると言って意向を尋ねる。
④今この場に季節限定の物があれば，そちらも紹介して薦めてみる。

[解　説]

お客さまはその商品が気に入っている。が，季節限定の土産品であることを知らなかった。であれば，そのことを知らせてどのようにしてかお客さまの手に届くようにするのがスタッフの対応になる。そのための対応が答えになる。

1級／第58回 解答解説
1級／第56回 解答解説
1級／第55回 解答解説
1級／第53回 解答解説
1級／第52回 解答解説

16. [解答例]

①環境整備は，お客さまの店内での居心地のよさを目的にするものなので，ごみやほこりを取る清掃業者の掃除とは別物である。

②お客さまの居心地のよさは，店内の清潔感はもちろんだが，整然としているとか，お客さま応対の動線が快適であるかが重要になる。

③常にお客さまを意識するという，社員の普段の心がけが環境整備には大切だ。しかし，心がけも日々のことだから緩みが出る。それらの見直しをするためには毎月行うことが必要ということである。

[解　説]

環境整備はどのような目的でするのかが分からないから，社員から質問が出る。従って清掃との違い，店内環境のお客さまへの影響などについてのことが必要性ということになり，それが答えになる。

17. [解答例]

お客さま各位

臨時休業のお知らせ

毎度お引き立てをいただきありがとうございます。

当店は，下記の通り臨時休業をさせていただきます。ご迷惑をおかけいたしますがご承知のほどお願い申し上げます。

なお，翌 12 日からは通常通り営業いたします。皆さまのご来店をお待ち申し上げております。

記

1．休業日　　11 月 10 日（木），11 日（金）
2．事　由　　スタッフ研修のため

以上

店主

（第56回　1級終わり）

1級　第55回　解答・解説

理論　I　サービススタッフの資質

1. [解答例]

①あいさつをして先週来店の礼を言いながら，美容クリームの使い心地はどうかを尋ねてみる。

②今日の来店目的を尋ねながら，前回購入商品に関連づけた商品を紹介したり，試供品を勧めたりする。

③お客さまの化粧法や肌の特徴などを褒めるなどして，関連して何か気になることはないかを尋ねる。

[解　説]

今後顧客になってもらうための応対だから，まずお客さまが話しやすい環境をつくることと，化粧品に興味を持ってもらえるような対応が必要になる。そうすれば会話も弾み，自然と居心地がよくなるということ。そのような観点からの具体的なことが答えになる。

2. [解答例]

①せっかく購入した商品が不良品であればお客さまは残念に思い，まずは購入した店に苦情を言うのは仕方がないこと。

②原因の責任はないが販売窓口であれば，メーカーの代わりに謝罪するのが当然のことで，それも仕事である。

③謝罪も仕事だが，加えてお客さまの声をメーカーに届けるために内容を正確に把握し伝えることも我々の仕事である。

[解　説]

苦情の対応で仕事に対する意欲がなくなるというのは，販売店スタッフとしての仕事に対する意識が足りないということになる。従って，販売店の役割，スタッフとしての心構えなどを指導することになる。そのような観点から答えられればよい。解答例の他に，「両者の橋渡しをきちんとすることがよりよい製品作りや利用者に安心をもたらすことになるのだから，そこに意欲を持った仕事の仕方が必要だ」などもよい。

理論　Ⅱ 専門知識

3. [解答例]

①朝食開始時間をずらして幾つか設定し，チェックイン時に希望を聞くなどしてある程度分散させるようにする。

②料理の提供場所を和食，洋食，ドリンクなどコーナーを分けて表示し分散させるようにする。

③料理によりトング，箸を複数置き，同時に数人で取れるようにする。

[解　説]

お客さまが一斉に集まるから混雑する。料理を順番に取ることにこだわるから列の流れが停滞する。であれば何事も分散させる方法が改善につながるということ。そのようなことの具体例が答えられればよい。解答例の他に，「和食の副菜などは小鉢に盛って，お客さまがそのまま持って行けるようにしておく」「取るのに手間取るご飯，汁物などはある程度盛っておくか，こちらで盛って渡すなどの手助けをする」などもよい。

4. [解答例]

①移動販売を始めたことを，スーパーの店内でもアナウンスをしたり，ポスターを貼るなどして知らせる。

②当日は移動車が販売している間，音楽を流したりアナウンスしたりして多くの人に知らせるようにする。

③来てくれたお客さまには，次の週の目玉商品を知らせたり，希望の予約を受けたりする。

[解　説]

集客力を上げるためだから，まずは移動販売を行っていることを広く知ってもらう必要がある。そのためには店内のお客さまへの宣伝が効果的。さらには利用客の定着も必要だから，当日の宣伝やサービスを考えることになる。解答例の他に，「スーパーに来店のお客さまに，直接声をかけてチラシなどを渡しながら説明する」などもよい。

5. ［解答例］

①中学生なら成長によって眼鏡の大きさが変わる可能性もある。最初はデザインを重視せずあまり値の張らないフレームを選ぶのがよいのではないか。

②初めて眼鏡をかけるのだから，長い時間かけても違和感の少ない，軽い材質のものを選ぶとよいのではないか。

③男子中学生は運動も活発だろうから，安全性，耐久性なども考慮するとよいのではないか。

［解　説］

中学生男子の眼鏡を選ぶこつである。一般的に眼鏡は頻繁に買い替えるものではないから，そのことを考えた価格や品質，さらに眼鏡をかける人の生活環境なども考えた選び方が解答になる。それらに触れた具体的なことが答えられればよい。解答例の他に，「幾つか選び出し，それぞれ試してもらうようにする」などもよい。

理論　Ⅲ　一般知識

6. ［解答例］

(1) 持ち合わせの金が少ない。

(2) この先見込みがない。

(3) 無駄話などをして仕事を怠けている。

(4) 採算が取れない。

(5) おまけや値引きなどのサービスをしよう。

7. ［解答例］

(1) サブスクリプション

(2) 商品やサービスを一定額で一定期間利用できる仕組みのこと。

実技　Ⅳ　対人技能

8. [解答例]

①しばらく何も言わずに見ているのは，好みや用向きでどれがよいか考えているのだから，まずは少しの間お客さまの様子を見ることが必要だ。

②次に，お客さまの目の動きなどでどの商品に興味があるかを注意して見ながら，「何かございましたらお気軽にお尋ねください」と言ってみること。

③声をかけても反応しないときは，目を留めていた菓子の味とか日持ちなどの特長を言ってみること。

[解　説]

お客さまは，品数が多ければ好みや目的があるから選ぶのに迷う。それは必要なことだから少しは待つのがよい。後はお客さまの行動の流れに応じて尋ねるとか声をかけるなどになる。このようなことについて具体的に答えればよい。解答例の他に，「それでもあれこれ見ながら迷っている場合は，買う目的を尋ねてみて提案してみること」などもよい。

9. [解答例]

(1) そばにいた男性客への対応

①本来なら店側が気付くべきことなのに気付かず申し訳なかったと謝り，注意をしてくれたことに礼を言う。

②後の対応はこちらですると言って，引き取ってもらう。

(2) 泣いている子供・保護者への対応

①泣いている子供をなだめるなどして気持ちを落ち着かせ，保護者の居場所を尋ねて一緒に探す。

②保護者に事情を説明し，エスカレーターの近くで遊ぶのは危険なのでやめるように注意してもらう。

[解　説]

(1)は，この男性に対しては店側の立場で対応する。(2)は，子供へは安心させる対応をする。保護者へは迷子保護のときのような，一般的な仕方に準じた対応が答えになる。解答例の他に，「子供から目を離さないように保護者にお願いする」などもよい。

10. [解答例]

(1) ご予約をご希望ですか。

(2) どのようなことにお使いになりますか。

(3) お日にちはお決まりですか。

(4) あいにくその日は空いておりません。

(5) レイアウトはいかがなさいますか。

(6) 室内でのご飲食はご遠慮いただいております。

(7) 申し訳ございませんが，こちらでは承っておりません。

11. [解答例]

①気軽に声をかけにくい雰囲気があるというのは，お客さまを寄せ付けない雰囲気があるということである。

②レストランはお客さまが来店して仕事ができているのだから，来店を歓迎するなど感じのよさをこちらから表現しないといけない。

③それには笑顔で出迎える，何事もこちらから言葉をかけるなどが親しみを表すことだから，まずはそのことを実践することだ。

[解　説]

親しみやすいとは，お客さまが声をかけやすいということである。そのためにはスタッフから，お客さまに対して何でも言ってくださいというような態度をとらないといけないことになる。そのようなことについて答えればよい。解答例の他に，「お客さまのちょっとした様子にも声をかけるようにすれば，お客さまは関心を持たれていると受け取り親しく応じてくれるようになる」などもよい。

12. [解答例]

お子さまにおけがはございませんでしたか。割れる物を飾り棚に置いた私どもの不注意でございました。申し訳ございません。後は私どもがいたしますので，どうぞお気になさらないでください。すぐに他の部屋をご用意させていただきます。

13. [解答例]

①患者さんによっては痛みがあって電話をしてくる人もいる。その場合は待ち時間を承知してもらって当日診療の案内をする。

②患者さんに症状を尋ねるときは，患者さんが表現しやすいように，こちらで言葉を補ったり質問したりして対応する。

③診察後患者さんと次の来院日を決めるときは，治療効果に関係する希望日を先に提示して，患者さんの希望を聞くようにする。

[解　説]

患者さんの身になって対応するとは，たとえ予約制であっても患者さんの立場や気持ち，都合などを思いやって対応するということ。そのようなことを意識した歯科医院の受付時の具体的なことが答えになる。

14. [解答例]

①差し支えなければ，荷物は部屋まで運んでおくがどうするか。

②これから観光するのはどの辺りか。案内の必要はないか。

③戻りの時間は何時ごろになるか。夕食の時間は何時がよいか。

[解　説]

宿泊予定のお客さまが荷物を預けて近くを観光というのだから，夕食までの時間を考えた行動であろう。であれば，いかに効率よく行動できるかを意識した手助けが気遣いということになる。それらに触れたことが答えになる。

実技　V　実務技能

15. [解答例]

	上書き（表書き）	記入する名前
(1)	内祝	祝いを受けた子供の名前
(2)	快気祝・全快内祝・内祝	見舞いを受けた本人の名前
(3)	祝米寿・米寿御祝・寿	祝いを贈る人の名前

16. [解答例]

①お客さまに対しては，感染症予防対策のガイドラインが設けられたことを説明し，対応の際に説明不足であったことをわびて納得してもらう。

②店内掲示で，感染症予防のために対面販売時の対応が，一部変更していることを知らせる。

③お客さまに対応するときしばらくの間は言葉でも伝えて，不便をかけて申し訳ないなどと言うようにする。

[解　説]

お客さまは店にガイドラインができたことを知らないのだから，きちんと説明することが必要になる。また今後このようなことをなくすためには，お客さまの目に触れやすいところに掲示したり，対応する際は口頭で説明したりするなどのことが必要になる。このようなことが答えられればよい。

17. [解答例]

①お客さまから言われた商品をケースから取り出し，お客さまに見せて確認してもらう。

②バースデーケーキだから，メッセージやローソクなどの希望があるかを尋ねて対応する。

③持ち帰りに要する時間を尋ねて，保冷剤などの対応をする。

④会計処理をして商品を渡し，礼を言ってお客さまを見送る。

[解　説]

お客さまから「もう包んじゃったの」と不満げに言われたのは，包む前に商品を確認してプラスの希望を言うなど何らかの要望があったからであろう。その対応がなかったことに不満だったのだから，それらのことについての具体的なことが答えになる。

（第55回　1級終わり）

1級　第53回　解答・解説

理論　Ⅰ　サービススタッフの資質

1. ［解答例］

①訪問当日は事前に連絡を入れ，訪問時間の再度の確認と時間を取ってくれたことへの感謝の気持ちを伝えるようにする。

②身だしなみは清潔感が感じられる服装を心がけ，華美にならないように気を付ける。

③説明などをするときは，丁寧な言葉遣いと明るい雰囲気の話し方を心がける。

［解　説］

人がよい印象を持つのは，丁寧さと明るさがあること。この場合は営業担当としてお客さま宅を訪問するのだから，加えてきちんとした雰囲気と謙虚な姿勢なども必要になる。このような観点から答えられればよい。解答例の他に，「態度振る舞いは丁寧さと謙虚さを意識し，長居はしないこと」などもよい。

2. ［解答例］

①祝いの席の会場は明るく華やかな雰囲気だから，スタッフも明るい表情を心がけ，目が合った人には目礼などをする。

②出席者の飲み物のグラスに気を配り，空いている人には，明るい表情で勧めるようにする。

③主役や主催者にサービスするときは，笑顔で「おめでとうございます」などと声をかける。

［解　説］

祝いの席だから，会場は明るく華やかな雰囲気である。その雰囲気の中でのスタッフの行動だから，明るい表情と軽快な動作が求められる。これらのことの具体例が答えになる。解答例の他に，「会場全体に気を配り，てきぱきとした行動と対応を心がけるようにする」などもよい。

3.　[解答例]

①自分たちがよいと思って提供している料理やサービスも，お客さまの要望という点から見ると十分とは言えないものがあるかもしれない。

②そのことに気付くためには自分が客だったら満足するかなどと，客の立場になって考えることが必要である。

③そのような目線を持てば，お客さまの要望に気付くことができ合わせることもできるので，お客さまの満足が得られる。

[解　説]

お客さま目線とは，客の立場になるということ。その目線で料理もサービスも評価し改善していけば満足が得られるようになるであろうということ。このような観点から答えが出ればよい。

4.　[解答例]

①お客さまに希望の日時，訪れたい温泉地はあるかを尋ね，それに沿って候補地を絞る。

②希望の場所がなければ，旅行する人数や年齢構成，交通手段などを尋ね，１泊２日の日程で行動可能な範囲を選定する。

③次に，温泉以外に訪ねたい名所・旧跡・観光地はないかなどを尋ねる。

[解　説]

お客さまに満足する商品を提示するには，まずはお客さまの要望を可能な限り尋ねて，出された条件を基に絞り込んでいく。最終的にはお客さまと相談しながら一緒に決めていくことがよい対応ということになる。そのような観点からの具体的なことが答えられればよい。解答例の他に，「①～③を取り入れた旅行先を数種類提示し，予算や宿泊時の希望などを尋ねながらお客さまと相談して決めていく」などもよい。

5.　[解答例]

①マニュアルは，この店がお客さまサービスをするときに必要な応対の基本形を示したものだから。

②マニュアル通りにすれば，どのスタッフが応対しても差がなく同じようにできるので，お客さまに失礼な応対にはならないから。
③マニュアル通りの応対に慣れてさらにレベルアップしたいと考えるときも，基本を認識していれば，お客さま目線からずれることがないから。

［解　説］

応対のマニュアルとは，応対の仕方の説明書である。なぜマニュアル通りにするのかという質問に対する答えだから，マニュアルがあることの意義，利点などを答えることになる。

理論　Ⅲ　一般知識

6.　［解答例］

(1) 自分が得をしようとして，数をごまかすこと。
(2) 失敗して面目を失うこと。
(3) 料理を食べている途中で口直しのために食べる料理のこと。

7.　［解答例］

日本において，事業主が事業活動の縮小を余儀なくされたとき，従業員の雇用維持を図るために，事業主に対して給付する助成金のこと。

実技　Ⅳ　対人技能

8.　［解答例］

(1) 褒めるとよい関係ができて薦めやすくなるのはなぜか。
①褒められて嫌な気持ちになる人はいないから，褒めてくれた人に好感を持つようになる。
②好感を持てば，その人の話は好意的に聞き，その人が薦める品物にも興味を持つようになる。

(2) 具体的にはどのような褒め方をするのがよいか。
①興味のある洋服の前で止まったり手に取ったりしたときに，その

商品の特長を言いながらお客さまの雰囲気や装いを褒めるようにする。

②気に入ったらしい洋服を鏡で合わせて見たりしているときに，選んだ商品とお客さまの特長との調和，センスのよさなどを褒めるようにする。

[解　説]

(1) 人は褒められると，褒めてくれた人に好意を抱き肯定的に受け入れようとする。そのような効用が答えになる。解答例の他に，「褒めれば，お客さまは自信や優越感を持つので，次も来店したいと思うようになる」などもよい。

(2) 褒める目的は品物を薦めやすくするためだから，品物に興味を示したときに商品とお客さまとの調和を具体的な言葉で褒めるのがよいということ。

9. [解答例]

①まずは自分から明るいあいさつと自己紹介をして，安心して話せると感じられる雰囲気をつくる。

②話をするときは近くに寄って相手の顔を見ながら，笑顔でゆっくり話すようにして，謙虚な姿勢でやりとりをするようにする。

③介助などをするときは，「○○をします」と声をかけて，承知してもらってからするようにする。

[解　説]

信頼関係を築くにはまず相手との壁をなくすこと。そのためには自分から話しかけてきっかけをつくり，心を開いてもらうことが必要。相手のことが分かれば安心できるし，スムーズに受け入れてもらえることにもなる。そのようなことが答えになる。

10. [解答例]

(1) ようこそお越しくださいました。

(2) お名前を伺ってもよろしいでしょうか。

(3) ただ今確認いたしますので少々お待ちください（ませ）。

(4) 1泊のご予約を頂戴いたしております。

(5) 料金は先払いでございますがよろしいでしょうか。
(6) 現金とクレジットのどちらでしょうか。
(7) 領収書はいかがなさいますか。

11. [解答例]
①お客さまに予想される待ち時間を話して，待ってもらえるかどうかを確認する。
②待ち時間が予想より長くなりそうなときは，待ってもらっているお客さまに早く知らせるようにする。
③空いた席の数によって，後の組を先に案内するときは，先の組のお客さまにそのことを話して承知してもらってから，後の組のお客さまを案内する。

[解　説]

お客さまが席が空くのを待っていていらいらするのは，いつ空くのかが分からない場合である。従って，待つことは承知しているのだから，どのようになっているかを，なるべく早く知らせるようにするのがよいことになる。解答例の他に，「待ち時間にメニュー表，雑誌を提供するなど，待ち時間が気にならないような工夫をする」などもよい。

12. [解答例]
①お客さまが変えたいと希望している具体的なスタイルがあれば，どのような形かを尋ねる。
②具体的な希望がなければヘアカタログなどを参考にして，仕上がり具合を説明しながら相談して決めていく。
③お客さまの髪質や雰囲気から，プロの立場でアドバイスすることがあれば提案し，お客さまに了承を得る。
④カットをするときは小まめに説明や確認をしながら，お客さまが仕上がりをイメージしやすいように進める。

[解　説]

変えたいと言うからには希望のスタイルがあってのことであろう。となれば，希望を聞きつつプロとしてのアドバイスを加えながら，お客さまが満足するスタイルに仕上げていくという対応になる。その具体的なことが解答になる。

13. ［解答例］

(1) ①大変お待たせ<u>申し上げました</u>。

②大変お待たせいたしました。

③待たせるは「する」ことで「言う」ことではないので一般的な言い方ではない。

(2) ①レシート<u>のお返し</u>でございます。

②レシートでございます。

③レシートは返すもの（釣り銭）ではなく，渡すだけでよいもの。

(3) ①お名前<u>さまを頂戴できます</u>でしょうか。

②お名前をお聞かせ願えますでしょうか。

③「お名前」に「さま」は付けない。名前は頂くものではない。

14. ［解答例］

①お客さまが来店したときは，明るいあいさつと丁寧なお辞儀で迎えること。

②品物について聞かれたときは，丁寧な言葉遣いと柔らかい調子の言い方を意識すること。

③買い上げの商品を手渡すときは，お客さまのペースに合わせて両手で丁寧に渡すようにすること。

［解　説］

丁寧な応対は商品のイメージをよくするというのだから，お客さま応対のそれぞれを丁寧にすることが答えになる。そのような応対例の具体的なことが答えられればよい。解答例の他に，「お客さまが帰るときは，出口まで出て丁寧にお辞儀をして見送ること」などもよい。

実技　　Ⅴ　実務技能

15. ［解答例］

①苦情は，こちらに落ち度がない場合でも，まず謝ること。

②お客さまの言っていることは最後まで冷静に聞き，反論はしないこと。
③苦情を聞きながら，原因がどこにあるかを考えること。

[解　説]

苦情は，お客さまの立場からの不平や不満である。が，相手はお客さまだから，店側としてはまずは謝ることと反論はしないということは基本である。苦情には必ず原因があるのだから，苦情を受けながらでもそれが分かるような努力が必要になるということである。解答例の他に，「対処の方法が分かれば，できるだけその場でお客さまに示すようにすること」「苦情はお客さまからの提案と考え，感謝の気持ちで対応するようにすること」などもよい。

16. [解答例]

①お客さまが店内に入ってきたときは「いらっしゃいませ」と声をかけて，お客さまの存在や行動を承知していると思ってもらえるようにする。
②店内を動き回ってお客さまの行動に目を向けるようにし，お客さまを気にかけているということを知ってもらうようにする。
③商品を手に取ったお客さまを見かけたら，何かあったら気軽に尋ねてくれと誰ともなく言って，気にかけていることを知らせるようにする。

[解　説]

スタッフが現場にいて，お客さまの買い物の手助けをしているというような雰囲気があれば，万引きを防ぐことができる。が，お客さまに目障りと感じられるようなやり方は避けないといけない。そのようなことが答えになる。解答例の他に，「必要以上にきょろきょろして，スタッフが監視しているというような見られ方にならないようにする」などもよい。

17. [解答例]

(1) 葬儀を行う名義人のこと。
(2) 葬儀に参列すること。
(3) 葬儀のとき述べる死者への別れの言葉のこと。

⑷ 亡くなった人の家族のこと。

⑸ 亡くなった人の身内が喪に服している期間のこと。

（第53回　1級終わり）

1級　第52回　解答・解説

理論　I　サービススタッフの資質

1.　[解答例]

①明るい雰囲気は，マスクをしていても全体の雰囲気で相手に伝えることができるものだ。

②笑顔になっていれば，目は優しいまなざしになり，マスクをしていても柔らかい雰囲気を伝えることができる。

③笑顔で相手に話しかければマスクをしていても口調は明るくなり，親近感のある話し方になるから，患者さんも穏やかな気持ちになる。

[解　説]

明るい雰囲気は顔の表情だけで表わすのではなく，話し方や態度振る舞いなどが一体となって表われるのである。従って，それらの具体的な表現方法が答えになる。

2.　[解答例]

①いつも明るく笑顔で接し，何でも気軽に話せるというような親しみやすい雰囲気で対応する。

②お客さまに説明をするときは全体に目を配りながら，生き生きと張りのある言い方で話す。

③行動はお客さまのペースに合わせながらも，全体の予定に支障が出ないよう時間管理を意識する。

[解　説]

明るく気遣いのある対応とは，お客さまが楽しいと思える居心地のよい旅行にすること。それには，添乗員が常にそのことを意識した接し方をするということになる。そのようなことの具体的なことが答えになる。解答例の他に，「お客さまが快適に過ごせているか，常に表情や様子に気を配るようにする」「予定以外のことでお客さまから要望が出たときは，全体の様子を見て調整する努力もする」などもよい。

3. [解答例]

①薬膳レストランに状況を話して駅前からの案内図を作成してもらい，場所を尋ねてきた人にはそれを渡すようにする。

②コンビニの宣伝も考えて，コンビニから薬膳レストランまでのオリジナルの地図を作成し，それを渡すようにする。

③コンビニの入り口などに，薬膳レストランまでの地図を張っておいて，説明しなくても行き方が分かるようにする。

[解　説]

行き方が分からず尋ねてくるお客さまもコンビニのお客さまである。となると，薬膳レストランの場所を教えることもやがてはプラスになると考え，なおかつスタッフの手を煩わせない方法が適切ということになる。そのような観点から答えられればよい。

4. [解答例]

①不満に思って苦情を言うのだから，同じ思いのお客さまが他にもいるかもしれないと考えて，誠実な対応をすること。

②その苦情対応の経験が，スタッフとしての力になっていく。

③その経験を目の前のお客さまにも生かして対応すればお客さまの満足につながり，結果的にはホテルの質を上げることになる。

[解　説]

対応に不満があるから苦情が出る。それはスタッフの対応だけでなくホテルとしてもまだ不十分な点があるからである。スタッフがお客さまに約束したことはホテルとして改善することになるから，結果として全体の質が上がるということ。このようなことに関連したことが答えられればよい。

5. [解答例]

①会社なら社員に配ることも考えられるので，配りやすい個包装で日持ちのする物がよいのではないか。

②その時期だけ販売の季節限定品やご当地物など，手に入りにくい物や話題性のある品物がよいのではないか。

③老舗菓子店など名の通った店の品物を選ぶなら，そこの定番品を選ぶのも喜ばれるのではないか。

［解　説］

贈り物で好印象を持たれるのは，珍しい物，名の知れた定番品，また会社内で配りやすい手間のかからない物，日持ちがする物などであろう。そのようなことに関連したことが解答になる。

理論　Ⅲ　一般知識

6. ［解答例］

①参加者は決まった席がなく料理を食べながら自由に動き回ることができるので，多くの人とコミュニケーションを取ることができる。

②料理は１カ所に大皿で提供するので，着席形式よりもスタッフが少なくて済むのでスタッフ要員のコストを抑えることができる。

③参加者全員の席を確保する着席形式よりも，会場の大きさが狭くても実施できる。

［解　説］

パーティーを開催する側のお客さまからの質問である。従って，答えることは目的に合わせた選び方や，コスト面の利点などになろう。そのような観点から答えられればよい。解答例の他に，「参加者は基本人退場が自由なので，出席しやすい利点がある」「料理は参加者自身が好みで取るので，量は人数分より少なくて済む」などもよい。

7. ［解答例］

(1) 決算や整理のために在庫を調べること。

(2) 売上高から原価を差し引いた金額のこと。

(3) 生産活動やサービス活動によって新たに作り出した価値のこと。

実技　Ⅳ 対人技能

8. [解答例]

①お客さまが来店したらすぐに目的を尋ねるなどして，待ち時間を有効活用できるような対応の仕方をする。

②ヘアスタイルの変更を考えているお客さまには，スタイル集などを見せて必要なら相談に乗るようにする。

③携帯電話を操作しながら順番を待っているようなお客さまには，よければと言って雑誌や週刊誌なども持って行って勧める。

[解　説]

待ち時間はお客さまにとって退屈な時間である。その時間を退屈と感じることなく過ごすことができれば，お客さまは満足するであろう。スタッフは，お客さまのそのときどきの様子に気を配り対応することが再来店につながるということである。解答例の他に，「パーマやカラーリング後の据え置き時間で待たされているお客さまには，飲み物のサービスなどをする」「退屈そうに店内を見渡しているようなお客さまには『あと○○分ほどお待ちください』などと目安になる時間を言ってあげるようにする」などもよい。

9. [解答例]

①レストランは，来店するお客さまに満足してもらうことが最大の目的であるから，我々スタッフはそのことを意識して対応しないといけないと言って，自分の対応の仕方を振り返らせる。

②お客さまには歓迎の気持ちを込めた愛想のよさと明るい笑顔で終始接することが基本になる。

③案内するときは腰の低い態度と丁寧な動作を意識することが必要になる。

[解　説]

「サービスしようという気持ちが感じられない」というのだから，小池はサービススタッフとしての基本的な心構えができていないということになる。従って，指導は基本的なお客さまのもてなし方からに

1級／第58回 解答解説
1級／第56回 解答解説
1級／第55回 解答解説
1級／第53回 解答解説
1級／第52回 解答解説

なろう。どのように接することがお客さまの満足につながるか，そのような観点からの具体的なことが答えになる。解答例の他に，「料理の案内や受け答えなどは，丁寧な言葉遣いで対応することが必要になる」などもよい。

10. [解答例]

(1) お元気でしたか。

(2) 朝ご飯は召し上がりましたか。

(3) ご自分でなさってみますか。

(4) お手伝いいたしましょうか。

(5) 少し（お）体を動かしましょうか。

(6) お疲れになりましたか。

(7) 本日はご家族はいらっしゃいますか。

11. [解答例]

①患者さんは具合が悪くて来院するのだから，つらさに寄り添う気持ちの温かい表情で終始接することが必要である。

②受付で症状を聞くときは，うなずいたり相づちを打つなどして，時には言葉を補いながら聞くようにする。

③用件を伝えるときに聞き取りにくそうにしている患者さんには，現物を見せたりゆっくり話したりして，確認しながら伝えるようにする。

[解　説]

どんな人も健康を害すれば気持ちも暗くなる。そのような人への対応は，常にその人たちの立場や気持ちを思いやって，話したり行動したりしないといけない。そのような観点からの具体例が答えになる。解答例の他に，「病気の影響で注意力が散漫になっていることがあるので，会計のときなどは念を入れた確認の仕方をするようにする」などもよい。

12. [解答例]

(1)「よろしければモーニングコールをいたしましょうか」

(2)「私どもでは分かりかねます。恐れ入りますが，○○でお尋ねいただけませんでしょうか」

(3)「ご連絡をくだされば対応させていただきましたのに。ご不快な思いをおかけし申し訳ありませんでした」

13. [解答例]

①取引先のお客さまを上席に案内するようにする。

②料理や飲み物は取引先のお客さまに合わせたものにする。

③お酒や料理を勧めるときは，取引先のお客さまを優先にした勧め方にする。

[解　説]

この場合のそつのない接待とは，取引先のお客さまに合わせて十分に気を使ったサービスをしてもらいたいということである。となると，料理，酒，応対など全てを取引先のお客さまに合わせたものにするということ。そのような具体例が答えになる。

14. [解答例]

①声をかけてきたお客さまに「いらっしゃいませ」とあいさつをして，お客さまの用件を聞く。

②用件が質問に答えるだけのようなすぐに済む内容なら，そのまま対応して用件を済ませる。

③時間がかかる場合は，今対応中のお客さまにも少し待ってもらい，他のスタッフを呼んで，声をかけてきたお客さまの対応をお願いする。

④他に対応できるスタッフがいなければ，声をかけてきたお客さまにわびて，順に伺うので待ってもらいたいとお願いして待ってもらう。

⑤待ってもらっていた対応中のお客さまのところに戻り，待たせたことをわびてブラウス選びの手助けを続ける。

[解　説]

お客さま応対は公平が基本だから先のお客さまを優先することになる。が，店にとってはどちらもお客さま。声をかけられたのだから，用件を聞くのは当然の対応になろう。その後は内容や状況に合わせた対応をしないといけないということである。

1級／第58回 解答解説
1級／第56回 解答解説
1級／第55回 解答解説
1級／第53回 解答解説
1級／第52回 解答解説

実技　Ｖ 実務技能

15. ［解答例］

①ポスターの掲示やパンフレットの陳列などは，きれいに整った状態になっているか。

②お客さま対応をする受付カウンターや椅子などは，きちんと掃除が行き届いているか。

③お客さまがリラックスできるように，BGM，観葉植物，照明などの全体的な雰囲気の点検は万全か。

［解　説］

整った店内とリラックスできる雰囲気だから，店内にある広告物の整理整頓と，居心地のよい空間ということになる。そのような観点から旅行代理店に焦点を当てた具体的な整え方が答えになる。

16. ［解答例］

①他に担当できる者がいれば，間違いがあると言ってきたお客さまの対応をお願いする。

②他に担当できる者がいない場合は，今対応中のお客さまが終わったら対応するので，それまで待ってもらいたいと言って納得してもらう。

③後ろに並んでいるお客さまには事情を話して謝り，割り込ませてもらって処理する。

④間違いの処理が終わったら，並んで待っていたお客さまに不手際を謝り，割り込ませてもらった礼を言う。

［解　説］

注文品の間違いは店側の不手際だから，すぐにでも対処しないといけない。が，今はお客さま対応中だから今のお客さまを優先することになる。後に並んでいるお客さまには事情を説明し納得してもらって処理するということ。それらの具体例が答えられればよい。

17. ［解答例］

①お客さまにドラッグストアに連絡をして購入の薬を決めてもらい，代わりにスタッフが購入しに行く。

②購入した薬をお客さまの部屋に届け，そのとき常設してある加湿器は正常に作動しているか，他に必要な物はないかなどを尋ね，必要な手助けを行う。

③氷枕などの貸し出しは必要かを尋ねて対応する。

[解　説]

風邪で熱があると言うのだからお客さまは動くことも苦痛である。が，薬を購入するには薬剤師に症状を伝えないと適切な薬は購入できない。となるとスタッフが手助けできることは薬をドラッグストアに取りに行くことであろう。このようなことに基づいた，ホテルスタッフとしての具体的な対応が答えになる。解答例の他に，「近くの病院を調べて紹介する必要はないかを尋ねて対応する」「翌朝お客さまに連絡を入れ状況を確認し，その後の必要な対応をする」などもよい。

（第52回　1級終わり）

サービス接遇検定　1-2級実問題集（第52回～第58回）
解答・解説編

2023年9月10日　　初版発行

編　者　公益財団法人 実務技能検定協会©
発行者　笹森 哲夫
発行所　早稲田教育出版
〒169-0075　東京都新宿区高田馬場一丁目4番15号
株式会社早稲田ビジネスサービス
https://www.waseda.gr.jp/
電話：(03) 3209-6201

ビジネス系検定　公式受験参考書

■秘書検定

パーフェクトマスター	3 級 /2 級 / 準 1 級
集中講義	3 級 /2 級 / 準 1 級 /1 級
クイックマスター	3 級 /2 級 / 準 1 級
実問題集	3 級 /2 級 / 準 1 級 /1 級
新クリアテスト	3 級 /2 級 /1 級・準 1 級
受験ガイド	3 級

■ビジネス文書検定

受験ガイド	3 級 /1·2 級
実問題集	3 級 /1·2 級

■ビジネス実務マナー検定

受験ガイド	3 級 /2 級 /1 級
実問題集	3 級 /1·2 級

■サービス接遇検定

公式テキスト	3 級 /2 級
受験ガイド	準 1 級 /1 級
実問題集	3 級 /1-2 級